Familienausflüge
zu SAC-Hütten

D1665257

Schweizer Alpen-Club SAC
Club Alpin Suisse
Club Alpino Svizzero
Club Alpin Svizzer

Heidi Schwaiger

Familienausflüge zu SAC-Hütten

41 erlebnisreiche Wanderungen mit Kindern

1. Auflage

SAC-Verlag

Die Angaben in diesem Buch wurden mit grösstmöglicher Sorgfalt und nach bestem Wissen und Gewissen der Autorin zusammengestellt. Eine Gewähr für deren Richtigkeit wird jedoch nicht gegeben. Die Begehung der vorgestellten Touren erfolgt stets auf eigenes Risiko. Fehlermeldungen und Ergänzungen bitte an: SAC-Verlag, Familienausflüge zu SAC-Hütten, Postfach, 3000 Bern 14, verlag.edition@sac-cas.ch.

Die SAC-Bücher sind im Buch- und Fachhandel erhältlich.

Publiziert mit Unterstützung von Similor Kugler.

© 1. Auflage 2019, SAC-Verlag, Bern
Alle Rechte beim Schweizer Alpen-Club SAC

Karten reproduziert mit Bewilligung von swisstopo (BA190066)

Layout und Satz: Egger AG, Print und Dialog, Frutigen
Druck und Bindung: DZS Grafik d.o.o., Ljubljana
Umschlaggestaltung: Barbara Willi-Halter, Zürich

ISBN 978-3-85902-438-0

Inhaltsverzeichnis

Ostschweiz

Für Jung und Alt: Slackline bei der Kröntenhütte.

Muh! Auf der Glattalp, unterwegs zum Glattalpsee.

Zum Geleit

Auch Familien sind im SAC willkommen! An der Abgeordnetenversammlung im Juni 2001 beschloss der SAC, die Familienmitgliedschaft einzuführen und sandte damit ein weiteres Signal der Öffnung aus. Seit 2003 gibt es nur noch drei Kategorien: Einzel-, Familien- und Jugendmitglieder. Es sind knapp 23 000 Familienmitgliedschaften, die insgesamt mehr als 54 000 Personen umfassen, darunter gegen 9000 Kinder. Eine stolze Zahl!

Sechzehn Jahre später erscheint nun der erste SAC-Führer für diese doch recht starke Mitgliedergruppe. Startschuss war eine Anfrage der Firmen Keramik Laufen AG und Similor AG. Diese erkundigten sich beim SAC nach einem Familienwanderführer, den sie als Marketinginstrument einsetzen könnten. Leider musste Hans Ott, damals stellvertretender Verlagsleiter, abschlägigen Bescheid geben, da der SAC-Verlag keine solche Publikation im Sortiment führte. Doch gleichzeitig witterte Hans – unser Verlagsurgestein – die einmalige Chance, einen solchen Führer auf Deutsch und Französisch innert nützlicher Frist zu realisieren.

Als Autorin konnte der Verlag Heidi Schwaiger gewinnen, ehemals im SAC verantwortlich für Kommunikation und Medien. Sowohl das Konzept als auch die Kalkulation überzeugten unseren Kunden, und er entschied, die Realisation dieses Projekts zu unterstützen. Der Autorin, Mutter von drei Töchtern und Bergängerin aus Leidenschaft, ist es gelungen, ein Werk zu schaffen, das alle Ansprüche von Eltern erfüllt, die mit ihren Kindern die Bergwelt erkunden möchten. Es lohnt sich, die Ausflüge sorgfältig und umfassend zu planen, immer im Bewusstsein, dass Kinder andere Erwartungen und Vorstellungen haben als Erwachsene. Themen wie Anforderung, Abenteuer, Motivation, Sicherheit und Zeitplanung verlangen ein besonderes Augenmerk. Was es beim Vorbereiten, Packen, Wandern und Übernachten alles zu beachten gilt, hat die Autorin im Kapitel «Wandertipps» (Seite 14 ff.) ausführlich beschrieben und aufgelistet.

Der SAC wünscht allen Eltern, die mit ihren Kindern die eine oder andere Wanderung aus diesem Buch realisieren, viel Freude und tolle gemeinsame Erlebnisse. Wir sind überzeugt, dass es nicht bei einer einzigen Wanderung bleiben wird, denn die Bergwelt und natürlich auch die Berghütten haben viel zu bieten. Für all diejenigen, die Lust auf weitere abwechslungsreiche und spannende Touren haben, findet sich unter www.sac-cas.ch/shop der beliebte Führer «Bergwandern von Hütte zu Hütte – Genussvolle Mehrtageswanderungen».

Der Verlag und die Verlagskommission danken Heidi Schwaiger für die gelungene Auswahl der Wanderungen, die kompetenten Beschreibungen und die vielen wertvollen Tipps zum Thema «mit Kindern in die Berge». Bei den Firmen Keramik Laufen AG und Similor AG bedankt sich der SAC herzlich für die Unterstützung zur Realisierung dieses Projekts.

Hünibach/Thun, Januar 2019
Peter Hubacher, Präsident Kommission Verlag SAC

Vorwort der Autorin

Die Berge sind mein zweites Zuhause, ich liebe Bergsport in allen Varianten. Klar, dass ich diese Leidenschaft auch meinen Kindern vermitteln will. Am einfachsten geht dies mit gemeinsamen Wanderungen. Doch der Nachwuchs interessiert sich weniger für das – für Erwachsene äusserst erholsame – monotone Schreiten, sondern für alles, was Spiel und Spass bringt: Tiere, Klettereinlagen, Bäche, Seen, Beeren, Hütten etc. Was also tun? Für dieses Buch habe ich SAC-Hütten als Wanderziele gewählt, bei denen Kinder und Erwachsene gleichermassen auf ihre Kosten kommen. Das heisst: überschaubare Zu- und Abstiege, mässige Schwierigkeiten. Und: möglichst viel Spannendes entlang des Hüttenwegs, in der Hütte und um die Hütte. Entstanden ist so ein bunter Mix von Hüttenzielen in der ganzen Schweiz für jüngere und ältere Kinder. Die Auswahl ist natürlich subjektiv und es gäbe weitere schöne Hütten, die in diesem Buch jedoch leider keinen Platz gefunden haben. Mein Wunsch ist, dass Erwachsene und Kinder Hüttenausflüge planen, die Rucksäcke packen und gemeinsam die Berge entdecken. Besonders die Übernachtung in einer Hütte ist ein einmaliges Erlebnis, das allen lange in Erinnerung bleibt. Also: Nichts wie los!

Danken möchte ich allen, die mich bei der Entstehung und Realisierung dieses Buches begleitet, unterstützt und motiviert haben, besonders den Mitarbeitenden des SAC-Verlags sowie des Hütten- und Umweltbereichs der SAC-Geschäftsstelle und natürlich meinem Buch-Götti Rolf Sägesser. Ein grosser Dank geht zudem an alle Hüttenwartinnen und -warte sowie an meine Mitwanderinnen und -wanderer, allen voran meine Töchter und meinen Mann.

Ich hoffe, dass du, liebe Leserin, lieber Leser, beim Blättern in diesem Buch Lust auf einen Ausflug zu einer SAC-Hütte bekommst und viele schöne gemeinsame Stunden mit der Familie in den Bergen verbringst.

Meiringen, im Dezember 2018
Heidi Schwaiger

Die Autorin mit ihren Kindern bei der Capanna Monte Bar.

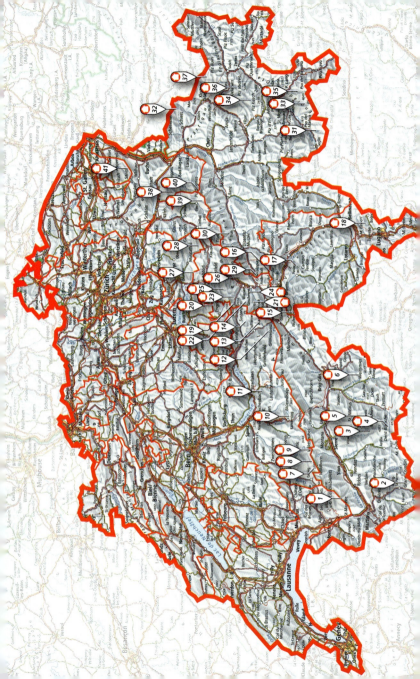

Übersichtskarte

Wandertipps und Informationen zum Buchgebrauch

Während sich die Erwachsenen bei einer Wanderung auf die Bewegung, den Gipfel und die Aussicht freuen, schlagen Kinderherzen bei Spiel, Spass und Abenteuer höher. Kinder interessieren sich für Dinge, die Erwachsenen oft nicht mehr auffallen. Für sie ist Wandern kein Sport, vielmehr ein Ausflug in die Natur, bei dem möglichst viel erlebt und entdeckt werden will. Es lohnt sich also, wenn Erwachsene die Perspektive wechseln und die (Berg-)Welt mit Kinderaugen betrachten: Wo gibt es unterwegs einen Bach zum Stauen oder einen Tümpel mit Kaulquappen, wo einen Picknickplatz mit Felsen zum Kraxeln? Damit der Ausflug in die Berge für Gross und Klein zum Erlebnis wird, sollte für die Planung, Vorbereitung, das Unterwegssein und die Pausen genügend Zeit eingerechnet werden. Zudem ist es empfehlenswert, Kinder in die Planung miteinzubeziehen, damit sie ihre Wünsche und Ideen einbringen können. Spannend kann es für das Kind auch sein, im Internet Bilder der geplanten Tour zu suchen und damit vielleicht weitere Ideen zu kreieren, aber auch, damit sich das Kind eine Vorstellung machen kann. Die Kinder, je nach Alter, den eigenen Rucksack packen und tragen zu lassen, ist eine tolle Erfahrung und macht sie stolz. Nachfolgend sind die wichtigsten praktischen Informationen sowie allgemeine Hinweise zum Gebrauch des Buches zusammengestellt.

Tourenplanung zu Hause und unterwegs

Wohin und wie lange der Ausflug mit Kindern auch sein wird, dass Tourenziel muss dem Können und Alter der Kinder angepasst sein. Auch die Vorlieben der Kinder sollten berücksichtigt werden – idealerweise lässt man Kinder das Ziel mitbestimmen, das wirkt sich zugleich positiv auf die Motivation aus. Steht das Hüttenziel fest, muss die An- und Abreise geplant, das Kartenmaterial studiert sowie die Tour in Abschnitte eingeteilt werden. Wo gibt es etwas zu entdecken, wo sind spannende Rastplätze, oder kann ein Gipfel, je nach Lust und Laune, bestiegen werden? Nicht unterschätzt werden darf der Abstieg, bei dem oft die Müdigkeit und die abnehmende Konzentration eine grosse Rolle spielen; hier ist eine überlegte Planung gefragt. So viel zur Theorie – sobald die Wanderung startet, spielen weitere Faktoren eine Rolle: das Wetter, die Tagesform der Teilnehmenden sowie die Tatsache, in der Natur unterwegs zu sein. Flexibilität, Anpassung an die äusseren Bedingungen, Zeitdruck bis hin zur Bereitschaft zur Umkehr; auch damit sollte man sich im Vorfeld beschäftigen. Wichtig ist, sich alle Eventualitäten und Entscheidungspunkte mit den möglichen Massnahmen zu notieren und immer dabeizuhaben.

Sicherheitstipps

Wie viele andere Sportarten ist auch Wandern nicht ohne Risiko. Dieses kann jedoch erheblich reduziert werden, wenn die bevorstehende Etappe, die aktuelle Fitness und die objektive Einschätzung der Fähigkeiten immer kritisch durchleuchtet werden. Wer mit Kindern unterwegs ist, muss immer wieder den Spagat machen: Einerseits sollten die Touren Kinder und Erwachsene nicht überfordern, andererseits aber Spass und Action bringen. Hier gilt es zu beachten, dass gerade ältere Kinder eine Vorliebe für Drahtseile, Leitern und Kletterstellen auf Wanderungen haben. Grundsätzlich gelten folgende Regeln:

- Kinder in ungefährlichem Gelände bis zu einem vereinbarten Treffpunkt vorausgehen lassen – in steilen Aufstiegen oder auf Leitern wenn möglich zwischen den Eltern gehen lassen. Wenn nur ein Elternteil dabei ist, geht das Kind unmittelbar vor diesem.
- Regeln vereinbaren: Was gilt beim Wandern, beim Pausieren, bei gefährlichen Stellen, rund um die Hütte, bei schlechtem Wetter?
- Jüngere Kinder an ausgesetzten Stellen an die Hand nehmen oder sogar sichern; Schneefelder, nasse Steine und loses Geröll vorsichtig begehen – wenn möglich meiden oder umgehen.
- Erscheint eine Passage zu heikel (z.B. stark angeschwollener Bach, ausgesetzte Traverse) ist es besser, umzukehren, als etwas zu riskieren.

Sollte trotzdem etwas passieren: Auf den Seiten 28, 29 und 33 finden sich Erste-Hilfe-Massnahmen und Notfallnummern.

Ausrüstung

Für Wanderungen in den Bergen sind, unabhängig vom Wetter, folgende Ausrüstungsgegenstände unabdingbar: solide Berg- oder Wanderschuhe mit guter Profilsohle, Wind-, Regen- und Sonnenschutz sowie wärmende Kleidung. Dies gilt für Erwachsene gleichermassen wie für Kinder! Neben Essen und Trinken sollte auch Kleidung zum Wechseln in den Rucksack. Dieser sollte bei Erwachsenen zwischen 30 und 40 Liter gross sein, je nach Ziel und Dauer der Wanderung bis maximal 50 Liter. Ältere Kinder sollen motiviert werden, ihren Rucksack selber zu packen und zu tragen, er sollte jedoch nicht schwerer als 10 % ihres Körpergewichtes sein und vor allem persönliche Gegenstände beinhalten, wie beispielsweise Kuscheltiere, Taschenmesser, Lupe, Regenjacke oder eine kleine Trinkflasche.

Packliste für den Rucksack

- Wind-/Regenjacke und -hose
- wärmende Schicht (Fleece-Pulli oder Thermowäsche)
- Ersatzkleidung (vor allem Socken, T-Shirt, Hose für die Kinder)
- Sonnenschutz (Sonnenbrille, Tüchlein oder Hut für den Kopf, Sonnencreme – für Kinder LSF 50)
- Handschuhe und Mütze
- Notfallapotheke (Pflaster, Verband, Schmerzmittel, Desinfizierung, Fenistil etc.)
- WC-Papier oder Papiertaschentücher
- Getränke (etwa 1 Liter pro Person)

- Proviant inklusive Notproviant wie Nüsse, Riegel, Trockenobst, Schokolade etc.
- Taschenmesser
- Mobiltelefon
- Kartenmaterial
- Bargeld

Für die Übernachtung
- Hüttenkleidung (z.B. Trainingsanzug)
- Toilettenartikel
- Hüttenschlafsack
- Kuscheltiere
- eventuell Spiel für den Abend
- Stirn- oder Taschenlampe
- SAC-Mitgliederausweis (für Ermässigung bei Übernachtungen)

Bei Bedarf
- Lupe
- Feldstecher
- Kompass und Höhenmesser
- Bestimmungsbücher
- Badesachen
- Fotoapparat

Wetter
Vor der Wanderung sollte man sich über das Wetter vor Ort informieren (siehe Seite 33). Auch wenn strahlender Sonnenschein gemeldet ist, kann das Wetter in den Bergen innerhalb kurzer Zeit umschlagen. Darauf sollte man sich unterwegs einstellen und stets die passende Ausrüstung dabeihaben (Regenkleidung, Mütze, Handschuhe etc.). Bei Regen und Schnee können einfache Wanderwege mitunter gefährlich glitschig und absturzgefährlich werden. Während der Tour sollte das Wetter also im Auge behalten werden. Wird man von einem Gewitter überrascht, unbedingt exponierte Orte (Gipfel, Anhöhen, offene Flächen etc.) vermeiden.

Motivation
Wer kennt sie nicht, die Durchhänger beim Wandern, die von der Frage «wie weit ist es noch?» begleitet werden? Früher oder später sind längere, monotone oder steile Wegabschnitte zu meistern, die den Kindern wenig Spass machen. Höchste Zeit also für ein Spiel (Vorschläge siehe Seite 44), eine Geschichte oder ein Lied. Wenn gar nichts mehr hilft, sollte eine Pause eingelegt werden. Während dieser kann beispielsweise gemeinsam der nächste Pausenort auf der Karte bestimmt werden, den (ältere) Kinder anschliessend mithilfe der Karte anpeilen können.

Viele SAC-Hütten verfügen über Hüttenfinken in verschiedenen Grössen, meistens auch für Kinder.

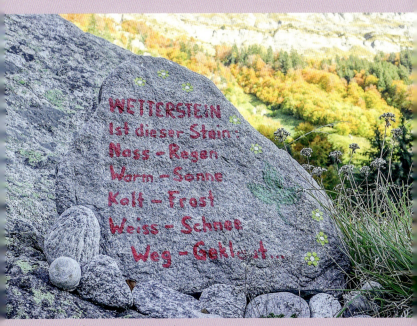

WETTERSTEIN
Ist dieser Stein:
Nass – Regen
Warm – Sonne
Kalt – Frost
Weiss – Schnee
Weg – Geklaut...

«Wetterstein» auf dem Weg zur Kröntenhütte.

Pause

Wer mit Kindern unterwegs ist, sollte regelmässige Pausen einplanen, idealerweise jede Stunde. Die Pausen dienen einerseits der Flüssigkeits- und Nahrungsaufnahme, andererseits bei Kindern auch dazu, die Umgebung zu erkunden. Kinder erholen sich beim Spielen, sie müssen sich nicht – wie die Erwachsenen – hinsetzen und ausruhen.

Verpflegung

Das regelmässige Zuführen von Flüssigkeit und Nahrung ist für Kinder wichtiger als für Erwachsene, die ihre Kräfte in der Regel besser einteilen können. Als Getränke eignen sich Wasser, verdünnter Saft oder Tee. Als Proviant sind zu Hause vorbereitete Sandwiches, Obst, Riegel, Nüsse und Schokolade geeignet. Hier gilt: Lieber zu viel als zu wenig mitnehmen.

Hüttenaufenthalt

Der Aufenthalt in einer Hütte ist etwas Besonderes; um möglichst viel Zeit in der Hütte und um die Hütte verbringen zu können, ist eine Übernachtung empfehlenswert. So haben Erwachsene und Kinder Gelegenheit, sich zu erholen, die Umgebung zu erkunden, den Sonnenuntergang zu geniessen und gemeinsam mit anderen Gästen in der gemütlichen Hüttenstube zu essen und anschliessend zu spielen, bis es Zeit für die Nachtruhe ist.

SAC-Hütten sind überwiegend einfache Bergunterkünfte. In der Regel wird in Mehrbettzimmern und Matratzenlagern übernachtet. Familien werden vom Hüttenwart, abhängig vom Belegungsgrad der Hütte, nach Möglichkeit in kleineren Zimmern untergebracht. Warmes Wasser oder gar Duschen gibt es nur selten.

Die Übernachtung sollte – vor allem in den Sommerferien und am Wochenende – frühzeitig reserviert werden; bei vielen Hütten ist dies über das Online-Reservationssystem möglich. Spezielle Wünsche, wie vegetarisches Essen oder Nahrungsmittel-Unverträglichkeiten, unbedingt bereits bei der Reservierung angeben – die Hüttenwarte versuchen, je nach ihren Möglichkeiten, darauf einzugehen. Wer seinen Hund mitnehmen möchte, sollte ebenfalls im Vorfeld abklären, ob das möglich ist. Falls die Tour nicht zustande kommt, gilt: Dies mindestens einen Tag vorher dem Hüttenwart mitteilen.

Bei Ankunft in der Hütte befindet man sich oft im Schuhraum: Hier werden die Bergschuhe gegen Hüttenfinken getauscht. Die meisten Hütten verfügen über solche in allen Grössen. Für jüngere Kinder empfiehlt es sich, leichte Hausschuhe mitzunehmen. Anschliessend meldet man sich beim Hüttenteam an; es informiert über die Esszeiten und zeigt die Schlafplätze. Das reichhaltige Abendessen wird meist zwischen 18.30 und 19.00 Uhr aufgetragen. Es besteht in der Regel aus drei Gängen (Suppe / Salat, Hauptmahlzeit und meistens einem Dessert). Man sitzt mit anderen Gästen am Tisch und schöpft sich aus grossen Schüsseln. Nach dem Essen sind die Hüttenwarte froh um Hilfe beim Abräumen und Abwischen der Tische. Hüttenruhe ist um 22.00 Uhr, für die Übernachtung ist ein Hüttenschlafsack (Seidenschlafsack) obligatorisch. Das Frühstück, je nach Hütte zwischen 6.30 und 8.00 Uhr, besteht oft aus selbst gebackenem Brot, Butter, Konfitüre und Käse, manchmal gibt es auch Müesli. Abgerechnet wird entweder am Abend nach dem Abendessen oder am nächsten Tag nach dem Frühstück. SAC-Mitglieder erhalten vergünstigte Tarife. Da nicht in allen Hütten mit der Karte gezahlt werden kann, sollte man genügend Bargeld dabeihaben. Strom und Wasser sind in den Hütten ein kostbares und rares Gut, daher sollte man sparsam damit umgehen. Abfälle nimmt man wieder mit, wenn man am nächsten Morgen nach dem Frühstück seinen Rucksack packt.

Hinweise zum Buchgebrauch

Zur Auswahl der Hütten
Für dieses Buch wurden SAC-Hütten in der ganzen Schweiz ausgewählt, die Spannendes für Kinder bieten, in maximal drei Stunden Zustieg (nach Anreise mit dem öffentlichen Verkehr [ÖV] oder Auto) zu erreichen sind und die Schwierigkeit T3 der SAC-Wanderskala (siehe S. 24) nicht überschreiten. Die Mehrheit der beschriebenen Hütten weist einen Hüttenweg im Schwierigkeitsbereich T2 auf. Es handelt sich um Club- und Sektionshütten des SAC, die sich zwischen 1500 und 3000 Meter über Meer befinden. Sektionshütten sind meist kleiner und einfacher als Clubhütten.

Ausgangs- und Endpunkt
Alle angegebenen Ausgangs- und Endpunkte sind mit dem ÖV erreichbar. Neben Zug und Postauto helfen bei einigen Hütten Bergbahn, Rufbus oder Alpentaxi, Höhenmeter zu sparen. Sofern der Ausgangspunkt bei der Anreise mit dem Auto erheblich abweicht, wird er zusätzlich erwähnt.

An- und Abreise
Die Schweiz ist berühmt für ihr ÖV-Netz, das selbst abgelegene Täler erschliesst. Die Anreise mit dem ÖV ist umweltschonend und ermöglicht gemeinsame Aktivitäten wie Spiele, Besprechung der Tour etc. Ein weiterer Vorteil ist, dass ein alternativer Abstieg und Endpunkt gewählt werden kann. Die angegebenen Betriebszeiten, Telefonnummern etc. können von Änderungen betroffen sein und sollten daher vor der Wanderung überprüft werden. Da es manchmal auch Sinn macht, das Auto zur Anreise zu benutzen, finden sich hier zudem Informationen zur Anreise mit dem Pkw sowie zu den Parkmöglichkeiten.

Route
Die Routenbeschreibungen beziehen sich auf die Wanderungen vom Ausgangspunkt zur Hütte. Diese sind eher knapp gehalten, da die beschriebenen Hütten gut mit Wanderwegweisern ausgeschildert sind. Wenn Vorsicht angesagt ist, beispielsweise bei ausgesetzten Stellen oder Drahtseilsicherung, wird dies hier erwähnt.

Kinder brauchen beim Wandern Zeit zum Entdecken und Spielen – so sammeln sie Erfahrungen und können sich erholen.

Liegen Kühe auf dem Wanderweg, lohnt es sich, einen kleinen Umweg zu machen.

Schwierigkeit

Die Bewertung erfolgt gemäss der Berg- und Alpinwanderskala des SAC (siehe Seite 24). Die kürzeren und leichteren der vorgestellten Hüttenwanderungen (bis zwei Stunden, Schwierigkeit T1 bis T2) sind für Kinder ab etwa vier Jahre geeignet, die längeren und schwierigeren Touren (bis drei Stunden oder mehr/Schwierigkeit T3) für Kinder ab etwa sechs Jahre, die trittsicher sind und Bergerfahrung mitbringen. Bereits T2-Touren können ausgesetzte Stellen aufweisen, bei denen Kinder beaufsichtigt oder an die Hand genommen werden sollten. Bei schwierigeren Touren und auf Klettersteigen ist eine Seilsicherung durch Erwachsene empfehlenswert. Dies setzt jedoch voraus, dass Erwachsene trittsicher und schwindelfrei sind sowie Erfahrung im Umgang mit Sicherungsgeräten haben. Ebenfalls zu berücksichtigen ist das Wetter: Bei Nässe werden Wanderwege anspruchsvoller (rutschige Steine und Wurzeln, matschiges Erdreich).

Zeit

Alle Zeitangaben in diesem Buch entsprechen der durchschnittlichen Gehzeit von Erwachsenen ohne Pausen. Wer mit Kindern unterwegs ist, muss diese Zeit mal den Faktor 1,5 bis 2 (je nach Alter des Kindes) nehmen. Dies ist jedoch individuell: So wie Erwachsene unterschiedlich schnell unterwegs sind, sind es auch Kinder. Es gibt Fünfjährige, die ebenso schnell wie Erwachsene marschieren, aber auch Zehnjährige, die es lieber gemütlich nehmen. Während Kindergartenkinder nicht länger als drei bis vier Stunden pro Tag wandern sollten, schaffen ältere Kinder bereits Tagestouren. Die Zeitangabe auf der ersten Seite pro Hütte bezieht sich auf die Wanderung vom Ausgangspunkt zur Hütte. Erfolgt der Abstieg auf derselben Route, wird die Zeit nicht separat erwähnt; sie ist in der Regel 25 bis 30 % kürzer als die Aufstiegszeit.

Distanz / Höhenmeter

Die angegebene Distanz in Kilometern sowie die Aufstiegs- und Abstiegsmeter beziehen sich – wie die Zeitangabe – auf die Wanderung vom Ausgangspunkt zur Hütte. Bei Varianten und Gipfelzielen werden Zeit, Distanz und Höhenmeter separat erwähnt.

Allgemeine Informationen zur Hütte

Die Angaben zu Kontakt, Bewartung, Schlafplätzen und Preisen wurden 2018 recherchiert und können sich in den Folgejahren verändern. Die Preisangaben für die Übernachtung mit Halbpension dienen als Richtwert, mit welchen Kosten zu rechnen ist. Da die Preise für Kinder bei Mitgliedern und Nichtmitgliedern oft identisch sind, werden sie in diesen Fällen nur einmal angegeben.

Karten

Auf den swisstopo-Kartenausschnitten pro Hütte sind ÖV, Parkplatz, Hütte und Aktivitäten unterwegs eingezeichnet. Norden ist jeweils oben. Da der Massstab zum Teil sehr klein ist und Teile der Karte durch die Zeichnungen verdeckt sind, empfiehlt es sich, zusätzlich Kartenmaterial (auf dem Handy oder physisch) im Massstab 1:25 000 mitzunehmen. Welche Karte pro Hütte benötigt wird, ist in der Box mit den allgemeinen Informationen ersichtlich.

Varianten / Gipfelziele

Bei den meisten Hütten gibt es alternative Abstiegswege, bei manchen ein einfaches Gipfelziel. Diese sind mit doppelter Linie auf der Karte eingezeichnet. Die Angaben zu Varianten und Gipfelzielen umfassen Routenbeschreibung, Schwierigkeit, Zeit, Distanz und Höhenmeter. Weichen Endpunkt und Abreise der Variante vom Aufstiegsweg ab, gibt es dazu ebenfalls Informationen.

Legende zu den Kartenausschnitten

⭐ Aktivität / Zwischenstopp

⬡ SAC-Hütte

🔺 Gipfelziel

🅿 Parkplatz

🚉 Bahnhof

🚌 Bushaltestelle

🚠 Seilbahnstation

🚟 Standseilbahn

🅃 Alpentaxi / Taxi

Wo gehts lang? Die Wanderungen in diesem Buch sind in der Regel sehr gut ausgeschildert. Eine Karte sollte man trotzdem immer dabeihaben.

Wer entdeckt unterwegs den schönsten Ort zum Ausruhen?

Die Berg- und Alpinwanderskala des SAC

Anwendungs- und Interpretationshinweise
Die Touren im Bereich des Berg- und Alpinwanderns werden jeweils unter der Annahme günstiger Verhältnisse bewertet, also bei guter Witterung und Sicht, trockenem Gelände, geeigneter Schnee- und Firnbedeckung usw.

Legende zur Skala
T1 **Wandern**
T2 **Bergwandern**
T3 **Anspruchsvolles Bergwandern**
T4 **Alpinwandern**
T5 **Anspruchsvolles Alpinwandern**
T6 **Schwieriges Alpinwandern**

T1
Weg / Gelände: Weg gut gebahnt. Falls nach SAW-Normen (Normen der Schweizer Wanderwege) markiert: gelb. Gelände flach oder leicht geneigt, keine Absturzgefahr.
Anforderungen: Keine, auch mit Turnschuhen geeignet. Orientierung problemlos, in der Regel auch ohne Karte möglich.
Beispieltouren: Lidernenhütte, Keschhütte via Alp digl Chants.

T2
Weg / Gelände: Weg mit durchgehendem Trassee. Falls SAW-konform markiert: weiss-rot-weiss. Gelände teilweise steil, Absturzgefahr nicht ausgeschlossen.
Anforderungen: Etwas Trittsicherheit. Trekkingschuhe sind empfehlenswert. Elementares Orientierungsvermögen.
Beispieltouren: Cabane du Vélan, Wildhornhütte, Bächlitalhütte, Bergseehütte.

T3
Weg / Gelände: Weg am Boden nicht unbedingt durchgehend sichtbar. Ausgesetzte Stellen können mit Seilen oder Ketten gesichert sein. Eventuell braucht man die Hände fürs Gleichgewicht. Falls markiert: weiss-rot-weiss. Zum Teil exponierte Stellen mit Absturzgefahr, Geröllflächen, weglose Schrofen.
Anforderungen: Gute Trittsicherheit. Gute Trekkingschuhe. Durchschnittliches Orientierungsvermögen. Elementare alpine Erfahrung.
Beispieltouren: Windegghütte via Ketteliweg, Sustlihütte via Leiterliweg, Martinsmadhütte.

T4

Weg / Gelände: Wegspur nicht zwingend vorhanden. An gewissen Stellen braucht es die Hände zum Vorwärtskommen. Falls markiert: weiss-blau-weiss. Gelände bereits recht exponiert, heikle Grashalden, Schrofen, einfache Firnfelder und apere Gletscherpassagen.

Anforderungen: Vertrautheit mit exponiertem Gelände. Stabile Trekkingschuhe. Gewisse Geländebeurteilung und gutes Orientierungsvermögen. Alpine Erfahrung. Bei Wettersturz kann ein Rückzug schwierig werden.

Beispieltouren: Fornohütte, Schreckhornhütte, Dossenhütte, Mischabelhütte, Übergang Voralphütte – Bergseehütte, Vorder Glärnisch, Steghorn (Leiterli), Piz Terri, Pass Casnile Sud.

T5

Weg / Gelände: Oft weglos. Einzelne einfache Kletterstellen. Falls Route markiert: weiss-blau-weiss. Exponiert, anspruchsvolles Gelände, steile Schrofen. Gletscher und Firnfelder mit Ausrutschgefahr.

Anforderungen: Bergschuhe. Sichere Geländebeurteilung und sehr gutes Orientierungsvermögen. Gute Erfahrung im alpinen und hochalpinen Gelände. Elementare Kenntnisse im Umgang mit Pickel und Seil.

Beispieltouren: Cabane Dent Blanche, Büttlasse, Salbitbiwak, Sustenjoch-Nordflanke, Bristen, Pass Cacciabella.

T6

Weg / Gelände: Meist weglos. Kletterstellen bis II. Meist nicht markiert. Häufig sehr exponiert. Heikles Schrofengelände. Gletscher mit erhöhter Ausrutschgefahr.

Anforderungen: Ausgezeichnetes Orientierungsvermögen. Ausgereifte Alpinerfahrung und Vertrautheit im Umgang mit alpintechnischen Hilfsmitteln.

Beispieltouren: Niesengrat (Fromberghorn Nord), Glärnisch Guppengrat, Via Alta della Verzasca.

Sicher unterwegs

Halte dich an folgende Regeln:

Planung:
Im Voraus und wenn möglich zu Hause mit Eventualitäten und Alternativen.
Eine detaillierte Tourenplanung findest du unter:
www.sac-cas.ch/de/ausbildung-und-wissen/tourenplanung

Gesundheit:
Unternimm Touren nur fit und gesund, sei stets mit Zeitreserven unterwegs.

Sicherheit:
Achtung! Schnee, Eis und nasses Gras erfordern wesentlich mehr Erfahrung und
Können.

Einschätzung:
Lerne dich und die anderen der Gruppe einschätzen für die richtige Tourenwahl.

Gruppe:
Sei dir bewusst, dass jede weitere Person in der Gruppe die Tour zusätzlich (psychisch
und physisch) beeinflussen kann.

Mitdenken:
Gib jeder Person die Möglichkeit, sich bei Zweifeln, Unwohlsein, Wünschen und
Entscheidungen äussern zu dürfen.

Drahtseile unterwegs lassen Kinderherzen höherschlagen.

Erste Hilfe

ANSPRECHEN
Laut ansprechen,
Schmerzreiz setzen

PATIENT ANTWORTET
BODYCHECK
Schmerzen? Schwellung?
Wunden? Blutungen?
Normale Bewegung?
Gefühlsstörung?

Keine Reaktion, bewusstlos

ALARMIERUNG
Ein Helfer: Um Hilfe schreien, Alarmierung
Mehrere Helfer: Ein Helfer startet BLS, ein Helfer alarmiert,
ein anderer holt den AED

Automatischer
externer
Defibrillator

Patient in Rückenlage bringen, Atemweg frei machen,
Kopf nach hinten überstrecken

ATMUNG
Atmung normal? Check 5–10 Sekunden
(sichtbare Bewegung, hörbar mit Ohr
an Nase / Mund)

JA **Seitenlage** Stabile Seitenlage,
kontinuierliche Überwachung

Nein / unklar

HERZDRUCKMASSAGE
Untere Hälfte des Brustbeines
mind. 5–6 cm tief drücken,
dann komplett entlasten/
Druckfrequenz 100–120/Min.
Nach 30 Kompressionen 2 Atemhübe;
fortfahren, bis Arzt kommt oder AED eintrifft
(Beatmung: Kopf überstrecken, Unterkiefer gegen
Oberkiefer, Mund zu Nase beatmen, Taschen-
maskebeatmung, notfalls Mund zu Mund,
langsam 2 Atemhübe).

Automatischer
externer
Defibrillator

Eintreffen des AED
AED einschalten
Aufforderungen befolgen

Fortführen der Massnahmen, bis professionelle Helfer
übernehmen oder der Patient sich bewegt

CPR beginnen …
➡ … bei tieferer Bewusstlosigkeit und nicht normaler/vorhandener Atmung.

CPR nicht beginnen, wenn …
➡ … die eigene Sicherheit nicht gegeben ist.
➡ … ein Zustand erkenntlich ist, der klar nicht mit dem Leben vereinbar ist.

CPR fortsetzen, bis …
➡ … der Patient sich bewegt.
➡ … professionelle Rettung übernimmt.
➡ … der Tod ärztlich festgestellt wird.
➡ … wegen Erschöpfung gestoppt werden muss.
➡ … eigene Sicherheit nicht gewährleistet ist.

➡ **Wichtig**
   Der Besuch eines Reanimationskurses wird dringend empfohlen.

Umweltfreundlich unterwegs

Bergsport ist eine sanfte Form des Tourismus, bei der man sich zumeist aus eigener Kraft fortbewegt. Mit dem aktuellen Boom des Outdoorsports steigt aber auch der Druck auf die alpine Natur – und damit die Verantwortung jedes Einzelnen. Umweltfreundliches Verhalten ist dabei nicht auf die Tour beschränkt, sondern beinhaltet auch das Vorher und Nachher, zum Beispiel die Mobilität, die Übernachtung, das Einkaufsverhalten und die Abfallentsorgung.

Mobilität
Die Mobilität beim Bergsport ist hoch. Der SAC empfiehlt die Anreise mit dem öffentlichen Verkehr (ÖV): Diese benötigt weniger Energie und weist zudem eine sehr viel bessere CO_2-Bilanz auf.

Dank des dichten ÖV-Netzes lassen sich selbst entlegene Täler per Zug, Bus und Bergbahnen erreichen (www.sbb.ch). Verbleibende Lücken hilft der SAC als Träger von Bus alpin (www.busalpin.ch) zu schliessen. Wenn der Ausgangsort der Tour nicht mit dem ÖV erreichbar ist, lassen sich die letzten Kilometer oft mit dem Alpentaxi (www.alpentaxi.ch) überbrücken. Einen Überblick über sämtliche Haltestellen bietet die Karte von Schweiz Mobil (map.schweizmobil.ch). Die Reise mit dem ÖV bietet zahlreiche Vorteile: Die Möglichkeiten für die Tourenplanung vervielfachen sich, weil man am Ende der Tour nicht zum eigenen Auto zurückkehren muss. Während der Hinfahrt verfügt man über viel freie Zeit – und Stress wegen Stau ist kein Thema! Und nach einer langen Tour ist man auf der Rückfahrt im ÖV ohnehin sicherer unterwegs.

Und wenn es ohne Auto nicht geht, so ist man in Fahrgemeinschaften, Kleinbussen oder mit einem Mobility-Fahrzeug (www.mobility.ch) umweltfreundlicher unterwegs. Bitte berücksichtige Fahr- und Parkverbote.

Unsere Ökobilanz können wir positiv beeinflussen, indem wir nahe gelegene Ziele bevorzugen und – bei weiter entfernten Regionen – mehrere Tage bleiben. Übernachtungen vor Ort tragen zur Förderung der Bergregionen bei und lassen ausserdem mehr Zeit für Erholung.

Schutzgebiete
In Naturschutzgebieten sind teilweise Bestimmungen vorhanden, welche auch den Bergsport im Sommer betreffen (z. B. Weggebot, Leinenpflicht für Hunde, Campingverbot). An den gängigen Ausgangspunkten geben Informationstafeln Auskunft – diese sind unbedingt zu beachten.

Übernachten in Hütten und im Freien

Hütten: In den meisten Gebirgsunterkünften sind Wasser und Energie knapp, ein sparsamer Umgang deshalb wichtig. In Selbstversorgerhütten gespaltenes Holz verwenden (besserer Brennwert als grosse Scheite), mit Deckel kochen, nur haltbare Esswaren zurücklassen – und selbstverständlich die Übernachtungstaxe bezahlen.

Campieren und Biwakieren. Unter freiem Himmel zu übernachten, ist ein besonderes Erlebnis. Im Nationalpark, in eidgenössischen Jagdbanngebieten, vielen Naturschutzgebieten und in Wildruhezonen ist freies Campieren ausdrücklich verboten oder aufgrund von Betretungsverboten nicht möglich. Je nach Kanton oder Gemeinde können weitere Einschränkungen gelten. Ansonsten ist eine einzelne Übernachtung einer kleinen Anzahl Personen im Gebirge oberhalb der Waldgrenze in der Regel unproblematisch – wenn sie rücksichtsvoll erfolgt. Das SAC-Merkblatt «Campieren und Biwakieren in den Schweizer Bergen» (www.sac-cas.ch/campieren-biwakieren) informiert umfassend über das Thema.

Ausrüstung und Verpflegung

Bergsport ist materialintensiv. Achte beim Kauf auf ökologische und soziale Gesichtspunkte und Langlebigkeit. Indem wir Verpflegung lokal einkaufen, lernen wir die besuchte Region auch kulinarisch kennen – und vielleicht hilft unser Besuch sogar, dass der Dorfladen weiterhin besteht.

Abfall und natürliche Bedürfnisse

Bitte nimm alle Abfälle wieder mit, denn liegen gelassener Abfall schmälert das Naturerlebnis, kann Wildtiere verletzen und verrottet nur langsam (Taschentuch: 3 Monate, Kaugummi: 5 Jahre, Glas: 4000 Jahre). Am besten minimiert man den Abfall vorgängig, zum Beispiel durch Benutzen von Mehrwegbehältern. Auch empfiehlt es sich, vorher das stille Örtchen aufzusuchen. Im Fall der Fälle: gebührenden Abstand zu Gewässern einhalten, die Exkremente vergraben oder wenigstens mit Steinen bedecken. Das Toilettenpapier am besten mitnehmen oder mindestens auch zudecken. Papiertaschentücher oder gar Feuchttücher sind wegen der langen Verrottungsdauer ungeeignet.

Unterwegs in der Natur – 10 Tipps für Wandernde

① **Beachte Einschränkungen:** Beachte Informationstafeln zu Schutzgebieten.

② **Benutze bestehende Wege und Routen:** Damit schonst du sensible Lebensräume für Pflanzen und Wildtiere. Respektiere Privatland und schliesse Weidegatter.

③ **Fotografiere Blumen, statt sie zu pflücken:** Pflanzen sehen in der freien Natur am schönsten aus. Sammle Beeren und Pilze massvoll und halte dich an Schontage.

④ **Halte die Umwelt sauber:** Nimm Abfall wieder mit ins Tal. Halte für die Notdurft gebührend Abstand zu Gewässern, decke Exkremente und Toilettenpapier zu. Papiertaschentücher oder gar Feuchttücher sind wegen der langen Verrottungsdauer ungeeignet.

⑤ **Reise umweltverträglich an:** Nutze die vielen Vorteile öffentlicher Verkehrsmittel. Falls es ohne Auto nicht geht: Fahrgemeinschaften bilden und Mobility oder Alpentaxi für Teilstrecken einsetzen.

⑥ **Berücksichtige Fahr- und Parkverbote:** Auf Waldstrassen gilt meist ein Fahrverbot. Vermeide wildes Parkieren – dieses ist ein Ärgernis für Landwirte und Grundeigentümer und kann Flurschaden anrichten.

⑦ **Konsumiere lokal und schone Ressourcen:** Übernachte vor Ort und kaufe lokal ein, um die Bergregionen zu fördern und die Ökobilanz deiner Tour zu verbessern. Gehe sparsam mit Wasser und Energie in den Gebirgsunterkünften um.

⑧ **Campiere, aber richtig:** Wenn du im Freien übernachten möchtest, kläre vorgängig ab, ob es erlaubt ist. In unserem Merkblatt «Campieren und Biwakieren» findest du weitere wertvolle Tipps.

⑨ **Benutze bestehende Feuerstellen:** Jede neue Feuerstelle zerstört Vegetation und Boden für Jahre. Beachte die aktuelle Waldbrandgefahr.

⑩ **Führe deinen Hund an der Leine, insbesondere im Wald:** Wildtiere flüchten vor frei laufenden Hunden und werden häufig von ihnen gejagt.

Links, Apps und Telefonnummern

Notfall

Rega App	iRega (übermittelt den GPS-Standort)
Rega Telefon	1414
Rega (vom Ausland)	+41 333 333 333
Notruf im Wallis	144
Notruf international	112
Polizei	117

Bei schlechtem Handy-Empfang Standort wechseln.
SMS oder Rega-App funktionieren bei schlechtem Empfang besser als Telefon.

Wetter

meteoschweiz.ch	allgemeiner Wetterbericht, Niederschlagsradar, lokale Wetterprognose, Gefahren. Auch als App verfügbar.
meteo.srf.ch	allgemeiner Wetterbericht
meteoblue.com	Wetterbericht mit Detailangaben zu Temperatur, Wind, Niederschlag etc. weltweit
swisswebcams.ch	dichtes Netz von lokalen Webcams
slf.ch	Schnee- und Lawineninformationen
162	Wetterbericht MeteoSchweiz
0900 162 333	persönliche Wetterberatung (24h, CHF 2.90 / Minute ab Festnetz)
0900 162 138	Alpenwetterbericht (kostenpflichtig)

SAC-Tourenportal

sac-cas.ch	Hütteninformationen, Routenbeschriebe, Tourenplanung, Sicherheits- und Umwelttipps

Verhältnisse

gipfelbuch.ch	aktuelle Tourenberichte
hikr.org	aktuelle Tourenberichte
camptocamp.org	aktuelle Tourenberichte

Karten

map.geo.admin.ch	Karten und Infos von swisstopo
schweizmobil.ch	Karten, Wandervorschläge und Planungstool für Wanderungen, Velotouren, Schneeschuhwandern etc. Auch als App verfügbar.

1.   **Cabane Rambert** CAS (2582 m)

Von der Terrasse der Cabane Rambert bietet sich ein spektakulärer Blick vom Dom bis zum Mont Blanc – die Hütte unterhalb des Grand Muveran ist zu Recht ein beliebtes Ausflugsziel für Gross und Klein. Der Sessellift in Ovronnaz hilft, einige Höhenmeter zu sparen, anschliessend geht es über mehrere steilere Aufschwünge hinauf zur Hütte. Am nächsten Tag kann über die Alp Loutze nach Ovronnaz abgestiegen werden. Oder man flitzt mit dem Trottibike von Jorasse zur Talstation hinunter.

Ausgangspunkt: Jorasse (1940 m)

Anreise: Vom Bahnhof Martigny oder Sion mit dem Postauto nach Leytron, von hier mit dem Bus bis zur Haltestelle Ovronnaz, TOJ. Anschliessend mit dem Sessellift nach Jorasse. Die Bahn ist von Mitte Juni bis Ende Oktober in Betrieb. Kinder bis 16 Jahre fahren mit der Familie gratis. Parkplätze gibt es bei der Talstation in Ovronnaz.

Route: Der Wanderweg führt zunächst ohne nennenswerte Auf- oder Abstiege entlang eines Höhenweges, der zum Teil mit Ketten gesichert ist. Jüngere Kinder sollten hier im Auge behalten werden. Anschliessend geht es über mehrere Geländestufen hinauf zur Cabane Rambert.

Schwierigkeit	Zeit	Distanz	Höhenmeter
T2	2 Std. 30 Min.	4,4 km	↗ 730 m ↘ 90 m

Allgemeine Informationen

Kontakt
Maithé und Claude Hotz
Telefon 027 207 11 22
rambert@cas-diablerets.ch
www.cas-diablerets.ch/rambert

Bewartungszeiten
Mitte Juni bis Ende September

Schlafplätze
34 Plätze, davon ein Sechserzimmer

Koordinaten
2 576 510/1 119 910

Karte
1305 Dent de Morcles

Preise
(Übernachtung und Halbpension)
SAC-Mitglieder
Erwachsene: CHF 61.–
Jugendliche (15 bis 22 Jahre): CHF 50.–
Kinder (bis 14 Jahre):   CHF 37.–

Nichtmitglieder
Erwachsene: CHF 69.–
Jugendliche (15 bis 17 Jahre): CHF 54.–
Kinder (bis 14 Jahre):   CHF 41.–

Besonderes
Aussicht, Steinböcke

Logenplatz mit Weitblick: Auf der Cabane Rambert der Sektion Les Diablerets erlebt man traumhafte Sonnenuntergänge.

Von der Hüttenterrasse aus lassen sich manchmal Steinböcke beobachten.

Schöne Aussichten: Im Aufenthaltsraum geniesst man den Blick auf Walliser Eisriesen.

Sehen, Erleben, Staunen

1 TierliebhaberInnen aufgepasst: Bei der Bergstation der Bahn gibt es einen kleinen Streichelzoo mit Ponys, Geissen, Schafen, Hühnern, Kaninchen und Gänsen. Im Juli und August sowie in den Herbstferien werden täglich Ausritte auf einem Pony oder Esel angeboten. Für eine rasante Abfahrt ins Tal stehen Trottinette zur Verfügung, empfohlen für Kinder ab zehn Jahre. Mehr Infos auf www.ovronnaz.ch.

2 Hier pfeifen die Murmeltiere um die Wette: Wahrscheinlich erspähst du oberhalb der Alp Saille eines der flinken Tiere. Auch Heidelbeeren kannst du hier finden.

3 Auf der Plan Coupel sprudelt der Bach munter über die Steine, es blühen viele wunderschöne Alpenblumen (1 Std. 15 Min. von Jorasse). Wer mag, macht eine Pause am Wasser, stapelt Steinmandli oder besteigt in wenigen Minuten den Gipfel mit dem Kreuz (2173 m).

4 Auf dem zweiten Plateau, der Plan Salentse, kannst du auf Blöcke kraxeln. Vielleicht stösst du hier auch noch im Hochsommer auf Schneefelder. Hast du die Hüttenfahne rechts oben bereits entdeckt?

5 In der kleinen, gemütlichen Cabane Rambert wird der Aufenthalt zum Erlebnis: Der Blick von der Terrasse ist bei guter Sicht umwerfend, in den Liegestühlen lässt es sich träumen. In der Dämmerung kannst du vielleicht Steinböcke beobachten, die regelmässig zur Hütte kommen. In der Hütte gibt es Gesellschaftsspiele und Malsachen, Kinderfinken sind vorhanden. Die 2015 neu gebauten Schlafräume sind grosszügig und luftig. Die Cabane Rambert wurde übrigens nach dem Waadtländer Literaturprofessor und Bergsteiger Eugène Rambert benannt, der von 1830 bis 1886 lebte. Die Sektion Diablerets weihte die Hütte 1891 ein und schuf damit eine Unterkunft für Alpinisten, die den Grand Muveran zum Ziel hatten.

Variante

6 Die Wanderung rund um den Dent de Chamosentse, der sich links erhebt, ist geologisch spannend, mehr Infos zum Themenweg findest du bei der Alp Chamosentse oder im Buch «Les Hauts de Chamoson». Entlang des Abstiegswegs kannst du noch im Sommer auf Schneefelder stossen.

7 Zeit für eine Pause? Der kleine Wasserfall sorgt bei heissem Wetter für eine willkommene Abkühlung. Vielleicht triffst du hier auf Kühe (ca. 1 Std. von der Hütte entfernt).

8 Die Alp Loutze ist bewirtschaftet und bietet verschiedene Speisen und Getränke an (1 Std. 45 Min. von der Hütte entfernt).

9 Auf dem schönen Waldweg hinunter nach Ovronnaz siehst du je nach Jahreszeit und Witterung Pilze. Welche kennst du? Wer gerne noch auf Schatzsuche geht: Bei einer Baumwurzel ist ein Geocache versteckt.

Variante
Über die Alp Loutze nach Ovronnaz

Route: Zunächst dem Aufstiegsweg folgen, anschliessend nach Osten zur Alp Cha-mosentse absteigen. Von hier auf einer Alpstrasse und auf dem Wanderweg zur Alp Loutze und weiter hinunter nach Ovronnaz. Wer zum Parkplatz der Bahn zurückkeh-ren möchte, muss mit rund 25 Minuten zusätzlicher Wanderzeit rechnen.

Schwierigkeit	Zeit	Distanz	Höhenmeter
T2	2 Std. 30 Min.	7,5 km	↗ 30 m ↘ 1250 m

Endpunkt: Ovronnaz, Chevaley (1360 m)

Abreise: Mit dem Postauto nach Leytron, von hier weiter mit dem Postauto zum Bahnhof Martigny oder Sion.

Der Höhenweg ist oberhalb der Alp Saille an einigen Stellen mit Ketten gesichert.

2. Cabane du Vélan CAS (2642 m)

Wie ein Edelstein aus Metall thront die linsenförmige Cabane du Vélan auf einem Grat, der zum Petit Vélan führt. Inmitten bekannter Walliser Bergriesen wie dem Grand Combin und dem Mont Vélan und nur einen Katzensprung von der italienischen Grenze entfernt, gehört die Cabane du Vélan zu den südlichsten SAC-Hütten. Der Zustieg ist eher lang, lässt sich aber mit einer Taxifahrt oder dem Auto verkürzen. In der Hüttenumgebung begeistern viele Kraxelfelsen. Und natürlich die Aussicht auf die gewaltigen Gletscher und Moränen, die man von der Hüttenterrasse aus geniesst.

Ausgangspunkt: Bourg-St-Pierre (1620 m)

Anreise: Mit dem Postauto vom Bahnhof Orsières nach Bourg-St-Pierre, Commune. Verkehrt siebenmal täglich. Mit dem Auto oder dem Taxi bis zum Fahrverbotsschild vor Cordonne (1834 m), wenige Parkplätze entlang der Strasse vorhanden.

Route: Von Bourg-St-Pierre überquert man die Strasse, die zum Grossen St. Bernhard führt, und folgt dem sanft steigenden Wanderweg ins Valsorey. Nach der ersten Brücke wird der Weg steiler und führt auf eine Hochebene. Anschliessend geht es im Zickzack auf die Moräne und weiter zum Grat, wo die Hütte steht.

Schwierigkeit	Zeit	Distanz	Höhenmeter
T2	3 Std. 15 Min. (ab Bourg-St-Pierre)	7,2 km	↗ 1050 m ↘ 30 m
T2	2 Std. 30 Min. (ab Cordonne)	5 km	↗ 815 m ↘ 30 m

Allgemeine Informationen

Kontakt
Sylvie Balmer und Yvan Moix
027 787 13 13, 076 548 09 67
info@velan.ch
www.velan.ch

Bewartungszeiten
Ende Juni bis Ende September

Schlafplätze
60 Plätze, davon zwei Achter- und zwei Zehnerzimmer

Koordinaten
2 585 010 / 1 085 050

Karten
1345 Orsières, 1366 Mont Vélan

Preise
(Übernachtung und Halbpension)
SAC-Mitglieder
Erwachsene: CHF 63.–
Jugendliche (10 bis 22 Jahre): CHF 50.–

Nichtmitglieder
Erwachsene: CHF 75.–
Jugendliche (14 bis 17 Jahre): CHF 50.–
Kinder (10 bis 13 Jahre):   CHF 44.–
Kinder (5 bis 9 Jahre):   CHF 30.–

Besonderes
Parcours entlang des Hüttenwegs, Begrüssungstee, Kinder bis vier Jahre essen und schlafen gratis

1993 eingeweiht: Die futuristische Cabane du Vélan der Sektion Genevoise setzte beim Hüttenbau innerhalb des SAC neue Massstäbe.

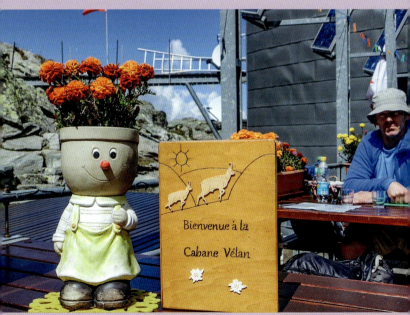

Mit Liebe für Details: In der Cabane du Vélan fühlen sich grosse und kleine Gäste wohl.

Sehen, Erleben, Staunen

❶ Ohren gespitzt! Schrille Pfiffe, Grillengezirp und Bachrauschen begleiten dich im Aufstieg. Was hörst du? Zu sehen gibt es auch etwas: Die Hüttenwartin hat entlang des Weges verschiedene Tiere angebracht. Merke dir gut, welche es sind!

❷ Siehst du die Hütte bereits? Sie befindet sich, einem soeben gelandeten Ufo gleich, auf dem Grat. Falls es regnet, empfiehlt es sich, den Wanderweg auf der rechten Bachseite zu benutzen (ein Schild weist darauf hin). Dieser führt nach ca. 20 Minuten wieder auf den eigentlichen Hüttenweg.

❸ Entlang des Torrent du Valsorey gibt es immer wieder schöne Picknickplätze, beispielsweise zu Beginn der Hochebene (1 Std. 45 Min. ab Bourg-St-Pierre). In der Schwemmlandschaft weiter taleinwärts kannst du den Bach stauen oder die Füsse baden. Hier weiden im Sommer Kühe.

❹ Adleraugen sind gefragt: Gegenüber entdeckst du eine Hütte im felsigen Gelände. Es handelt sich um die Cabane de Valsorey CAS unterhalb des Grand Combin.

❺ Viele Blöcke laden rund um die Cabane du Vélan zum Kraxeln ein; mit etwas Glück kannst du Murmeltiere, Steinböcke, Adler und Bartgeier beobachten. Um die Fragen zum Tier-Parcours entlang des Hüttenwegs zu beantworten, frag am besten beim Hüttenwart nach dem Formular. Wer mag, ruht sich auf der Terrasse im Liegestuhl aus und geniesst den Blick auf die Gletscher und die eindrücklichen Seitenmoränen. In der grosszügigen und liebevoll eingerichteten Hütte gibt es eine Kinderecke mit vielen Spielen, Malsachen und einer Gitarre. Sylvie, die Hüttenwartin, verkauft selbst gestrickte Mützen, Hütten-T-Shirts und mehr. Kinderfinken sind vorhanden, Hunde können im Holzschopf unterhalb der Terrasse übernachten.

6 Neben der Hütte befindet sich ein 15 Meter hoher Felsblock, an dem sich fünf Routen in den Schwierigkeiten 4a bis 5c befinden, ein Toprope kann eingerichtet werden. Das Topo befindet sich in der Hütte. Klettermaterial ist auf Anfrage erhältlich.

7 In rund einer halben Stunde erreichst du den Gletscher Glacier du Tseudet. Der Weg ist mit Steinmandli markiert.

Variante

8 Das Gletschervorfeld des Glacier de Valsorey und des Glacier du Tseudet ist reich an besonderen Pflanzen. Welche kennst du? Wer mag, packt zu Hause ein Bestimmungsbuch für Alpenflora in den Rucksack und versucht, einige der Blumen zu benennen. Die kleineren Bäche plätschern hier munter und laden zu einer Pause ein (30 Min. von der Hütte entfernt).

9 Oberhalb des Chalet d'Amont gibt es im August viele Heidelbeeren. Mmh …

Variante
Abstieg Richtung Cabane de Valsorey und zum Chalet d'Amont

Route: Zunächst dem Aufstiegsweg entlang, beim Abzweiger Richtung Cabane de Valsorey folgt man dem Weg auf der Moräne. Anschliessend geht es über die Schwemmebene und nach einem kurzen Gegenaufstieg hinunter zum Chalet d'Amont. Hier trifft man auf den Aufstiegsweg, dem man bis Bourg-St-Pierre folgt.
Der Weg ist schmaler und ausgesetzter als der Aufstiegsweg. Eine Stelle ist mit einer Kette gesichert. Jüngere Kinder sollten auf der Moräne und bei der gesicherten Stelle beaufsichtigt werden.

Schwierigkeit	Zeit	Distanz	Höhenmeter
T2	2 Std. 45 Min. (bis Bourg-St-Pierre)	8,1 km	↗ 110 m ↘ 1130 m
T2	2 Std. 15 Min. (bis Cordonne)	6,7 km	↗ 110 m ↘ 960 m

Spielideen für unterwegs

Wer mit Kindern unterwegs ist, braucht manchmal Improvisationstalent, um kleinere oder grössere Durchhänger zu überbrücken. Damit während der Anreise und beim Wandern keine Langeweile aufkommt, findest du nachfolgend einige Spielideen.

In Zug und Auto

Wer mit den öffentlichen Verkehrsmitteln anreist, sollte stets ein oder mehrere Kartenspiele im Gepäck haben: UNO-, Jass- oder Quartettkarten kommen bei Gross und Klein gut an.

Im Auto und Zug bieten sich Spiele wie «Ich packe meinen Koffer» an: Jede Person «packt» einen Gegenstand in den Koffer, die nächste Person wiederholt alle Gegenstände, die sich bereits im Koffer befinden, und fügt einen weiteren hinzu etc. Die Älteren können den Jüngeren beim Aufzählen helfen. Wie viele Gegenstände schaffen wir?

Auch im Auto oder im Zug gut gespielt werden kann «Wer bin ich?». Wer an der Reihe ist, denkt an eine Person, ein Tier, eine Figur oder einen Gegenstand. Die Mitspieler dürfen nur Fragen stellen, die mit Ja oder Nein beantwortet werden können. Wer die Lösung errät, ist als Nächstes an der Reihe.

Beim Wandern

Monotone Wegabschnitte lassen sich mit dem Spiel «Ich seh etwas, was du nicht siehst» verkürzen. Wer an der Reihe ist, wählt einen Gegenstand, der im Blickfeld aller liegt, und nennt dessen Farbe. Beispiel: «Ich seh etwas, was du nicht siehst, und das ist rot.» Die Mitspieler müssen nun raten, worum es sich handelt. Wer die Lösung weiss, ist als Nächstes an der Reihe.

Weitere Idee: Das B-Sucher-Spiel. Es werden alle sichtbaren Dinge, die mit B beginnen, aufgezählt. Das Spiel kann natürlich auch mit jedem anderen Buchstaben gespielt werden.

Für alle, die gerne singen beziehungsweise summen: Wer an der Reihe ist, summt den Beginn eines Liedes, die anderen müssen erraten, um welches Lied es sich handelt.

Sicher erinnern sich Eltern an weitere Spielideen aus ihrer Kindheit – es lohnt sich, diese vor der Wanderung aufzuschreiben beziehungsweise vorzubereiten, damit man sie im Fall der Fälle zur Hand hat.

Welche Fels-Tiere erspähst du beim Aufstieg zur Cabane du Vélan?

3. Cabane de Moiry CAS (2825 m)

Ein verhältnismässig kurzer Zustieg, komfortable Familienzimmer, ein grossartiger Blick auf den Gletscher und ein Klettergarten in Hüttennähe: Die Cabane de Moiry lässt grosse und kleine Gäste Hochgebirgsluft schnuppern. Rund um die Hütte tummeln sich Steinböcke und die vielen Steine und Felsen laden zum Stapeln und Kraxeln ein. Klar und unübersehbar im Mittelpunkt steht jedoch der zerklüftete Moiry-Gletscher, der sich von der Hüttenterrasse oder durch die gewaltigen Panoramafenster im Speiseraum am besten betrachten lässt.

Ausgangspunkt: Moiry, glacier (2349 m)

Anreise: Vom Bahnhof Sierre mit dem Postauto nach Grimentz. Von hier weiter zur Haltestelle Moiry, glacier (vier Verbindungen pro Tag). Parkplätze gibt es bei der Bushaltestelle.

Route: Der Wanderweg führt auf die Moräne, anschliessend geht es im Zickzack hinauf zur Hütte. An den steilen Stellen sind Seile und Ketten angebracht. Achtung: Es können bis in den August Schneefelder auf dem Weg liegen.

Schwierigkeit	Zeit	Distanz	Höhenmeter
T2	1 Std. 30 Min.	3 km	↗ 500 m ↘ 30 m

Allgemeine Informationen

Kontakt
Lidia und Yvan Duc
Telefon 027 475 45 34
www.cabane-moiry.ch

Bewartungszeiten
Mitte Juni bis Mitte September

Schlafplätze
101 Plätze, davon acht Viererzimmer
(gegen Aufpreis)

Koordinaten
2 612 122 / 1 104 385

Karte
1307 Vissoie

Preise
(Übernachtung und Halbpension)
SAC-Mitglieder
Erwachsene: CHF 71.–
Jugendliche (7 bis 22 Jahre): CHF 52.–

Nichtmitglieder
Erwachsene: CHF 85.–
Jugendliche (7 bis 17 Jahre): CHF 57.–

Kinder (bis 6 Jahre): CHF 16.–

Besonderes
Gratistee für alle von 16.00 bis 17.30 Uhr, Ausblick auf den Moiry-Gletscher

Die 2010 erweiterte Cabane de Moiry der Sektion Montreux befindet sich auf einem Logenplatz in 2800 Meter Höhe.

Atemberaubende Aussicht auf den Moiry-Gletscher gibt es im Aufenthalts- und Essraum.

Dem Himmel nah: bei der Wanderung auf der Moräne hinauf zur Hütte.

Sehen, Erleben, Staunen

1 Wer zum Start eine kleine Abkühlung möchte, sollte den Bach Gougra unterhalb des Parkplatzes besuchen. Doch Achtung: Der Bach wird von Gletscherwasser gespiesen und ist auch im Hochsommer sehr kühl. Neben dem Bach liegen viele Felsen zum Kraxeln, manchmal trifft man hier auch auf Kühe. Das Fischen ist in der Gougra übrigens – ebenso wie im Lac de Moiry – erlaubt. Patente sind bei der Touristinfo in Grimentz oder beim Restaurant an der Staumauer erhältlich.

2 Auf der Moräne gibt es viele Steine und Steinmandli – baust du auch eines?

3 Zeit für eine Pause: Sobald der Wanderweg die Moräne verlässt, erspähst du vielleicht einen kleinen Tümpel. Dieser ist Anfang Saison und nach Regen mit Wasser gefüllt (ca. 45 Min. vom Stausee).

4 Die Cabane de Moiry besticht seit ihrer Erweiterung im Jahr 2010 mit einem grosszügigen Ess- und Aufenthaltsraum, der mit seinen Panoramafenstern beste Blicke auf den Gletscher bietet. Hinter und neben der Hütte gibt es viele Steine zum Stapeln und Klettern. Vielleicht entdeckst du Steinböcke in der Nähe? Die Terrasse lädt dazu ein, sich die selbst gemachten Köstlichkeiten aus der Hütten-küche, das meiste aus der Region und in Bio-Qualität, schmecken zu lassen. In der Hütte findest du Gesellschaftsspiele, Kinderfinken sind vorhanden. Wenige Schritte oberhalb der Hütte ist auf dem Wanderweg zum Col de Pigne unter Felsen ein Geocache versteckt.

5 20 Minuten von der Hütte entfernt befindet sich der gut abgesicherte Kletter-garten «Moulinettes» mit Routen von 3a bis 6a. Ein 50-Meter-Seil wird benötigt. Der Zustieg ist weiss markiert, eine Stelle ist mit Seil gesichert. Weitere Infos und das Topo gibts beim Hüttenwart.

6 Bei der An- oder Abreise lohnt sich ein Abstecher zur eindrücklichen Staumauer des Lac de Moiry. Das 148 Meter hohe Bauwerk aus Beton stammt aus dem Jahr 1958 und kann von Mitte Juni bis Ende September jeweils dienstags besichtigt werden. Mehr Infos auf www.valdanniviers.ch.

4. Schönbielhütte SAC (2694 m)

Das Matterhorn ist auf der Wanderung zur Schönbielhütte ständiger Begleiter: Von der Bahnstation Schwarzsee geht es auf die Nordseite des Viertausenders, wo weitere hohe Gipfel und Gletscher ins Blickfeld rücken, Bäche und Bergseen passiert werden – die wunderschöne Umgebung lässt die Wanderung zur Schönbielhütte wie im Flug vergehen. Für den Rückweg empfiehlt sich der lange, aber landschaftlich reizvolle Abstieg durch das ruhige Zmutt-Tal, bevor man in Zermatt in den Touristen-Trubel eintaucht.

Ausgangspunkt: Schwarzsee (2583 m)

Anreise: Mit der Bahn nach Zermatt, zu Fuss (20 Min.) oder mit dem Elektrobus zur Luftseilbahn Furi-Schwarzsee. Diese ist von Ende Juni bis Mitte Oktober von 8.30 bis 17.00 Uhr in Betrieb. Parkplätze gibt es in Täsch, anschliessend geht es weiter mit dem Shuttlebus oder dem Zug nach Zermatt.

Route: Von Schwarzsee geht es hinunter nach Stafel, vorbei am Kraftwerk und auf die Seitenmoräne des Zmuttgletschers. Entlang dieser wandert man an mehreren Seen vorbei hinauf zur Hütte.

Schwierigkeit	Zeit	Distanz	Höhenmeter
T2	3 Std.	8,6 km	↗ 530 m ↘ 430 m

Allgemeine Informationen

Kontakt
Yolanda und Fredy Biner-Perren
Telefon 027 967 13 54
bielti.zermatt@gmx.ch
www.schoenbielhuette.ch

Bewartungszeiten
Ende Juni bis Ende September

Schlafplätze
80 Plätze in sechs Lagern

Koordinaten
2 614 750 / 1 094 510

Karten
1347 Matterhorn, 1348 Zermatt

Preise
(Übernachtung und Halbpension)
SAC-Mitglieder
Erwachsene: CHF 69.–
Jugendliche (7 bis 22 Jahre): CHF 57.50

Nichtmitglieder
Erwachsene: CHF 80.–
Jugendliche (7 bis 22 Jahre): CHF 63.50

Kinder (bis 6 Jahre): CHF 38.–

Besonderes
Tee oder Sirup zur Begrüssung, wunderbares Panorama, Gletscher

Rustikale Unterkunft inmitten eindrücklicher Hochgebirgslandschaft:
die Schönbielhütte der Sektion Monte Rosa.

Sandkasten mit Matterhorn-Sicht: Neben der Hütte gibt es viel Platz zum Spielen.

Sehen, Erleben, Staunen

❶ Gleich unterhalb der Seilbahnstation befindet sich der Schwarzsee; ein hübscher Ort, der zum Abkühlen und Bestaunen des Panoramas einlädt. Links oben, am Fusse des Hörnligrates, der aufs Matterhorn führt, siehst du die Hörnlihütte. Hinter der Kapelle ist ein Geocache versteckt.

❷ Wenn du um die Ecke kommst, kannst du das Tagesziel bereits sehen: Die Schönbielhütte befindet sich oberhalb der Seitenmoräne auf einem Grashügel. Entlang des Wegs stehen immer wieder Bänke, auf denen sich das gewaltige Panorama in Ruhe bestaunen lässt. Von Schwarzsee bis Zmutt bist du übrigens auf dem Matterhorn-Trail unterwegs, der an verschiedenen Posten das Matterhorn ins Zentrum rückt.

❸ Das Restaurant Stafelalp lädt zu einer Pause ein (knapp 1 Std. ab Schwarzsee). Bis Herbst 2018 war das Restaurant geschlossen, eine Wiedereröffnung ist geplant.

❹ Bei Stafel geht es auf die andere Talseite, vorbei am See und den Anlagen, die zum Wasserkraftwerk Grande Dixence gehören. In Stafel wird das Wasser des Zmuttgletschers gesammelt und mit einer Pumpe durch unterirdische Stollen ins Val d'Hérens zum Lac de Dix transportiert. Weitere Pumpstationen sind in Zmutt, Arolla, Cleuson und Ferpècle. Insgesamt verfügt das Kraftwerk über 100 Kilometer Stollen und sammelt das Schmelzwasser von 35 Walliser Gletschern. Jährlich werden rund zwei Milliarden Kilowattstunden Strom produziert, das entspricht dem Verbrauch von 500 000 Haushalten.

5 Wenn du am Vormittag bei Sonnenschein am Wasserfall vorbeikommst, siehst du vielleicht einen Regenbogen! Bevor der Weg im Zickzack ansteigt, ist unter Felsen ein Geocache versteckt.

6 Zeit für eine Pause: Beim Arbenbach gibt es schöne Plätze, traumhafte Aussicht inklusive (1 Std. 45 Min. von Schwarzsee). Auf dem Weiterweg kommst du an einer Schwemmlandschaft und kleinen Seen vorbei, die sich ebenfalls für eine Pause eignen.

7 Um das flache Seelein mit Sandstrand kann man kaum einen Bogen machen (2 Std. 15 Min. von Schwarzsee). Haben sich bereits Murmeltiere bemerkbar gemacht? Spätestens bei der Hütte solltest du welche entdecken.

8 Rund um die Schönbielhütte ist das Gelände flach und mit Steinen übersät – perfekt zum Spielen und Verweilen. Neben der Hütte befindet sich ein natürlicher Sandkasten. Beim Stein mit dem Riss gibt es eine Abseilstelle. In wenigen Minuten erreichst du einen Aussichtspunkt mit grossem Steinmandli. Von hier kannst du in Ruhe den herrlichen Blick auf die Gletscher und Moränen sowie auf Matterhorn, Dent d'Hérens und Co. bestaunen. Zudem ist hier ein Geocache versteckt. Neben der Hütte befindet sich ein Brunnen, der für Abkühlung sorgt. Die Toiletten sind unterhalb in dem kleinen Häuschen. Hinter der Hütte tummeln sich die Murmeltiere, mit etwas Glück erspähst du Adler und Bartgeier. In der Hütte gibt es Gesellschaftsspiele und Malsachen, einige Kinderfinken sind vorhanden. Hunde können in der Gaststube übernachten.

9 Wer noch weiter will: In rund einer Stunde Fussmarsch gelangt man entlang der Moräne zum Schönbielgletscher. Der Weg ist einsam und erlebnisreich.

Variante

10 Aufgrund eines Felssturzes ist der direkte Wanderweg gesperrt (Stand 2018), die Umleitung führt hinunter zum Zmuttbach und mit kurzem Gegenanstieg zurück auf den Normalweg. Nun befindest du dich wieder auf dem Matterhorn-Trail, der dich über die Besonderheiten des bekannten Schweizer Berges informiert.

11 Hier pfeifen die Murmeltiere um die Wette!

12 Der Weiler Zmutt besteht aus rund 20 Häusern, einer Kapelle und den Restaurants Dörflein Z'Mutt und Jägerstube, in denen regionale Köstlichkeiten serviert werden (2 Std. 30 Min. von der Hütte entfernt).

13 Entlang des schönen Weges durch den Lärchenwald gibt es immer wieder Bänke. Schon bald erreichst du Zermatt, wo du über die Touristenströme staunen kannst, die man auf dem Weg zum Bahnhof passiert.

Variante
Abstieg durchs Zmutt-Tal nach Zermatt
Route: Dem Aufstiegsweg bis kurz oberhalb des Kraftwerks folgen, hier weiter Richtung Chalbermatten und Zmutt. Zum Schluss geht es auf breitem Weg hinunter nach Zermatt.

Schwierigkeit	Zeit	Distanz	Höhenmeter
T2	3 Std. 30 Min.	12,5 km	↗ 100 m ↘ 1190 m

Endpunkt: Zermatt (1605 m)

Abreise: Mit dem Zug nach Visp. Wer mit dem Auto angereist ist, steigt beim Parkhaus in Täsch aus.

Wasser in SAC-Hütten

Wenige SAC-Hütten verfügen über eine Quelle mit Trinkwasserqualität, wie beispielsweise die Martinsmadhütte. Je höher die Hütte liegt, desto seltener sind natürliche und saubere Zuflüsse. Die meisten Hütten nutzen Wasser aus Bächen, die durch Weidegebiet führen, oder Schmelzwasser, das vom Gletscher kommt. Oftmals wird es über mehrere Monate gelagert und muss vor Gebrauch abgekocht werden. Bei diesen Hütten findet man darum immer Schilder mit der Aufschrift «Kein Trinkwasser». «Das hat also nichts zu tun mit übertriebenem Geschäftssinn der Hüttenteams, sondern ist eine gesundheitsrelevante Massnahme», sagt Bruno Lüthi, Bereichsleiter Hüttenbetrieb beim SAC.

Die Klimaveränderung trägt ausserdem dazu bei, dass sich die Wasserversorgungssituation zunehmend verschärft. Gletscher ziehen sich zurück oder verschwinden ganz, Quellen versiegen – dies stellt den SAC und seine Sektionen vor immer grössere Probleme. Immer häufiger werden darum bei Hüttenumbauten Reservoirs eingebaut, in denen Wasser gespeichert werden kann. Wasser ist also in den Hütten ein kostbares Gut, mit dem sparsam umgegangen werden sollte.
Aber zum Glück gibt es ja den «Marschtee», der bei vielen Hütten im Übernachtungspreis eingeschlossen ist. Spätestens am Morgen vor der Wanderung füllen alle Gäste ihre Trinkflasche und sind so gut gegen Durst gerüstet.

Tataa! Das Matterhorn dominiert die Wanderung durch das Zmutt-Tal.

Trinkwasser ist Mangelware: In SAC-Hütten wird Wasser oft abgekocht, um es trinkbar zu machen.

5.   **Turtmannhütte** SAC (2519 m)

Die Turtmannhütte liegt in einem versteckten Walliser Seitental, das nur in den Sommermonaten bewohnt ist. Schon die Anreise ist ein Abenteuer: Mit der Bahn geht es hinauf, ein Kleinbus kurvt auf der schmalen Strasse weit ins Tal hinein. Die Hütte thront auf einem Felsvorsprung oberhalb eines Stausees. Von hier hat man einen wunderbaren Blick auf das Bishorn und die Gletscher. Dank mehrerer Varianten gestaltet sich die Wanderung abwechslungsreich – lieber eine rassige Abkürzung oder ein aussichtsreicher Höhenweg? Wer gerne klettert, sollte die verschiedenen Gesteinsarten beim Brunegg-Gletscher testen.

Ausgangspunkt: Gruben (1822 m) oder Vorder Sänntum (1902 m)

Anreise: Vom Bahnhof Turtmann mit dem Bus zur Luftseilbahn Turtmann-Unterems-Oberems (zu Fuss 15 Min.). In Oberems weiter mit dem Bus nach Gruben (verkehrt zwei- bis dreimal täglich von Mitte Juni bis Mitte September, zudem auf Anfrage unter Telefon 027 932 15 50). Auf Bestellung fährt der Bus als Taxi bis Vorder Sänntum. Parkplätze gibt es in Vorder Sänntum.

Route: Kurz nach Gruben überquert man die Brücke und folgt dem Wanderweg bis Vorder Sänntum. Hier geht es weiter auf dem Jeepweg bis zum Stausee. Anschliessend folgt man der Strasse bis zur Materialbahn und von dort dem Steinmandliweg zur Hütte. Bis zur Materialbahn kann mit dem Mountainbike gefahren werden.

Schwierigkeit	Zeit	Distanz	Höhenmeter
T2	3 Std. (ab Gruben)	7,8 km	↗ 740 m ↘ 50 m
T2	2 Std. (ab Vorder Sänntum)	4,5 km	↗ 630 m ↘ 20 m

Allgemeine Informationen

Kontakt
Magdalena und Fredy Tscherrig
Telefon 027 932 14 55
info@turtmannhuette.ch
www.turtmannhuette.ch

Bewartungszeiten
Mitte Juni bis Ende September

Schlafplätze
74 Plätze, aufgeteilt auf acht Zimmer

Koordinaten
2 620 160 / 1 112 100

Karten
1307 Vissoie, 1308 St. Niklaus

Preise
(Übernachtung und Halbpension)
SAC-Mitglieder
Erwachsene: CHF 70.–
Jugendliche (6 bis 22 Jahre): CHF 57.–

Nichtmitglieder
Erwachsene: CHF 83.–
Jugendliche (6 bis 17 Jahre): CHF 65.–

Kinder (bis 5 Jahre):   CHF 30.–

Besonderes
Schwarzwälder Kirschtorte,
Klettergärten, Gletscher

Die Turtmannhütte der Sektion Prévôtoise ist ein beliebtes Ziel für Wanderer, Bergsteiger und Kletterer.

Auf dem Steinmandliweg gibt es viele Kunstwerke und imposante Gletscher zu sehen.

Turtmannhütte SAC (2519 m)

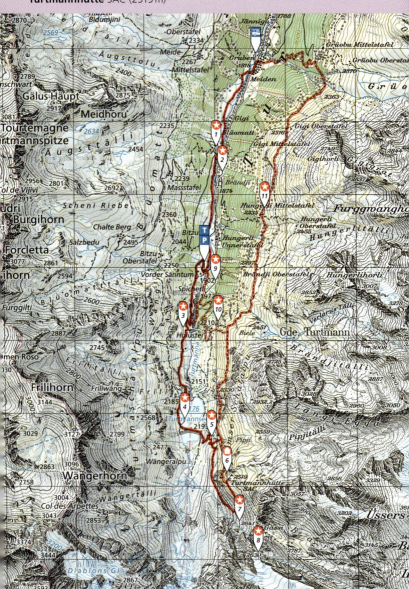

Sehen, Erleben, Staunen

1 Käsefans aufgepasst: Die Schaukäserei Blüomatt verkauft Alpkäse, Ziger und Butter und verfügt über eine kleine Alpwirtschaft (rund 20 Min. ab Gruben).

2 Beim Brändjiseelein gibt es einen schönen Picknickplatz mit Tischen und Bänken (30 Min. ab Gruben).

3 Im Geröll neben der Strasse fühlen sich Murmeltiere wohl – hast du schon eines erspäht? Von hier ist die Hütte bereits gut erkennbar.

4 Nach einigen Kehren auf dem Jeepweg gelangst du zum Stausee; am Ufer gibt es feinen Schlamm, der die Füsse herrlich erfrischt (1 Std. 50 Min. ab Gruben).

5 Die längere, aber schönere Aufstiegsroute ist der Steinmandliweg, der entlang der Moräne in einer ausgedehnten Kehre zur Hütte führt. Entlang des Weges sind viele schöne Steinmandli in allen Grössen zu sehen – vielleicht kommt auch eins von dir dazu? Bei einer Baumgruppe ist in der Nähe eines Steinmannes ein Geocache versteckt. Wer lieber direkt zur Hütte möchte, nimmt ab der Transportseilbahn den Sommerweg, der steil und an einer Stelle gesichert hinaufführt. Im Frühsommer liegt hier oft noch Schnee (Zeitersparnis ca. 10 Min.).

6 Bei der Hütte angekommen, sollte man zuerst die Aussicht auf Brunegg- und Turtmanngletscher sowie das Bishorn bewundern. Rund um die Turtmannhütte findest du viele schöne Pflanzen, bei genauem Hinsehen sogar Edelweiss. Wer mag, erfrischt sich am Holzbrunnentrog oder baut einen fantasievollen Steinmann, wie es bereits einige davon gibt. Oberhalb der Hütte ist unter Steinen ein Geocache versteckt. Mit etwas Glück kannst du Murmeltiere, Turmfalken oder Bartgeier beobachten. In der Hütte gibt es Spiele, Bücher und Malsachen. Kinderfinken sind vorhanden. Hunde können auf Anfrage übernachten. Die Hütte ist berühmt für ihre Schwarzwälder Kirschtorte, auch die anderen Kuchen sind sehr zu empfehlen.

7 Das Turtmanntal ist ein wahres Kletterparadies und eine geologische Wundertüte: Hier gibt es Routen für jeden Geschmack im Gneis, Kalk, Marmor und Serpentingestein für Anfänger und Könner (3 bis 7c). Die gut eingerichteten Kletterrouten befinden sich in der Hüttenumgebung (Zustiegszeit 10 bis 45 Min.). Für das Klettern mit der Familie eignen sich z.B. die Sektoren «Bim See», «Goldmina», «Marmor», «Brunegg» und «Zunga/Tyrolienne». Ein 50-Meter-Seil ist für die meisten Routen ausreichend. Ein Ordner mit Topos steht in der Hütte zur Verfügung. Für Nervenkitzel sorgen zwei Tyroliennes, die nur von Personen mit Erfahrung benutzt werden dürfen. Weitere Infos gibt es beim Hüttenwart Fredy, bei ihm kannst du auch das Topo «Brunegg – Klettern im Turtmanntal» kaufen.

❽ In rund einer Stunde erreichst du den Brunegg-Gletscher (Schwierigkeit des Zustiegs T2+, Drahtseilsicherung). Tafeln informieren unterwegs über den Gletscherrückgang. Fredy, der Hüttenwart, bietet auf Anfrage Führungen über den Gletscher und ins Innere des Gletschers an.

Varianten

❾ Der Schluchtweg kürzt den Jeepweg ab und bietet an einer Stelle tiefe Blicke; im Wald findest du im Spätsommer Heidelbeeren und vielleicht Pilze.

❿ Mehrere Hundert Schafe gehen jeden Sommer im Turtmanntal zur Alp. Je nach Saison entdeckst du hier einige. Zum Teil werden sie von Herdenschutzhunden bewacht.

⓫ Bei der Alp Hungerli siehst du vielleicht Walliser Eringervieh, das hier gesömmert wird.

Varianten
Aufstieg via Schluchtweg
Route: Bei Vorder Sänntum nimmt man vor der Brücke links den markierten Weg, bis nach ca. 15 Minuten ein Wegweiser nach rechts zeigt. Hier geht es entlang der Schlucht; der Weg ist an einer Stelle ausgesetzt und mit Ketten gesichert. Anschliessend überquert man die Turtmänna und gelangt auf den regulären Aufstiegsweg zum Stausee.

Schwierigkeit	Zeit	Distanz	Höhenmeter
T2	3 Std. (ab Gruben)	8,7 km (ab Gruben)	↗ 760 m ↘ 70 m (ab Gruben)

Abstieg via Holustei nach Gruben
Route: Von der Turtmannhütte auf dem Sommerweg absteigen und oberhalb der Transportseilbahn weiter ohne grossen Höhenverlust auf dem Panoramaweg Richtung Norden wandern. Beim Abzweiger zur Kapelle Holustei absteigen, unterhalb von dieser nach rechts und weiter auf einem schmalen und steilen Weg durch den Wald nach Sänntum. Auf dem Talweg gelangt man nach Gruben.

Schwierigkeit	Zeit	Distanz	Höhenmeter
T2	2 Std. 20 Min.	7,5 km	↗ 80 m ↘ 780 m

Abstieg via Brändji und Hungerli nach Gruben

Route: Alternativ kann man oberhalb Holustei auf dem Höhenweg bleiben und über die Alpen Brändji, Hungerli und Gigi nach Gruben zurückkehren. Nach der Alp Hungerli steigt der Weg noch einmal kräftig an, bevor er bei Grüobu steil zum Talboden hinunterführt.

Schwierigkeit	Zeit	Distanz	Höhenmeter
T2	2 Std. 45 Min.	8,3 km	↗ 220 m ↘ 910 m

Herdenschutzhunde bewachen die Schafe, die im Turtmanntal gesömmert werden.

6. Weissmieshütte SAC (2726 m)

Ein ideales Ausflugsziel für Familien: Mit der Bahn geht es bis auf über 3000 Meter, sodass die Weissmieshütte nach kurzer Wanderung im Abstieg erreicht wird. Wer es sportlicher mag, steigt bereits im Kreuzboden aus und wandert in einer Stunde zur Hütte hinauf. Während tagsüber Trubel herrscht, ist es morgens und abends herrlich ruhig und man kann die Aussicht auf die Walliser Viertausender geniessen. Zu tun gibt es einiges: Tiere beobachten, Klettern und Tyrolienne bei der Hütte sowie Spielplatz, Wasserpark und Ponyreiten bei der Station Kreuzboden. Der krönende Abschluss des Ausflugs ist schliesslich die Trottifahrt ins Tal.

Ausgangspunkt: Hohsaas (3142 m)

Anreise: Mit dem Postauto vom Bahnhof Visp nach Saas-Grund, Haltestelle Parkplatz Bergbahn. Weiter mit der Bergbahn über Kreuzboden nach Hohsaas. Die Bahn fährt von Anfang Juni bis Ende September nach Hohsaas, bis Mitte Oktober nach Kreuzboden, jeweils von 8.00 bis 16.30 Uhr. Parkplätze gibt es bei der Talstation.

Route: Von der Bergstation Hohsaas geht es auf einem einfachen, markierten Weg hinunter zur Weissmieshütte. Hier können bis in den Juli Schneereste liegen.

Schwierigkeit	Zeit	Distanz	Höhenmeter
T2	1 Std.	2 km	↗ 10 m ↘ 420 m

Allgemeine Informationen

Kontakt
Carla und Roberto Arnold
Telefon 027 957 25 54
huette@weissmieshuette.ch
www.weissmieshuette.ch

Bewartungszeiten
Mitte Juni bis Mitte Oktober

Schlafplätze
130 Plätze, davon vier Viererzimmer
und ein Sechserzimmer

Koordinaten
2 641 660 / 1 110 400

Karten
1309 Simplon, 1329 Saas

Preise
(Übernachtung und Halbpension)
SAC-Mitglieder
Erwachsene: CHF 67.50
Jugendliche (16 bis 22 Jahre): CHF 56.50
Kinder (6 bis 15 Jahre):   CHF 45.–

Nichtmitglieder
Erwachsene: CHF 79.50
Jugendliche (16 bis 17 Jahre): CHF 61.50
Kinder (6 bis 15 Jahre):   CHF 50.–

Kinder (bis 5 Jahre):   CHF 22.–

Besonderes
Geschenk der Hüttenwartskinder für
die kleinen Gäste, Steinböcke, Aussicht

Die Weissmieshütte der Sektion Olten mit ihrem Hausberg, dem Jegihorn.

Rund um die Hütte sind regelmässig Steinböcke anzutreffen.

Sehen, Erleben, Staunen

❶ Was für eine Aussicht! Wer mehr über die Gipfel der Mischabelgruppe und des Monte-Rosa-Massivs erfahren möchte, dem sei der Viertausender-Rundweg empfohlen. Dieser beginnt bei der Bergstation Hohsaas und bietet auf mehreren Tafeln Informationen zu den 18 sichtbaren Bergriesen (Gehzeit 45 Min., ca. 100 Meter Auf- und Abstieg). Gleich zu Beginn ist ein Mystery-Geocache versteckt. Unterwegs kommt man an kleinen Seen vorbei.

❷ Rund um die Weissmieshütte wartet ein grosser Spielplatz auf dich! Es gibt einen Bach und einen Brunnen, um sich abzukühlen. Um die Hütte lassen sich oft Steinböcke, Murmeltiere und mit etwas Glück sogar ein Bartgeier beobachten. In Hüttennähe ist bei einem Kreuz ein Geocache unter einem Felsblock versteckt. In der Hütte gibt es Gesellschaftsspiele und Malsachen. Kinderfinken sind vorhanden. Hunde können auf Voranmeldung in einer Box schlafen.

❸ Direkt neben der Hütte sind einfache Platten, die sich für das Klettern mit Kindern und Anfängern eignen. Auch eine Tyrolienne ist eingerichtet. Für ältere Kinder gibt es einen Klettergarten mit Schwierigkeiten zwischen 3b und 7b auf dem Weg zum Lagginhorn (ca. 20 Min. entfernt). Topos stehen auf www.weissmieshuette.ch zur Verfügung. Klettermaterial kann auf Anfrage in der Hütte geliehen werden.

Variante

4 Hast du bereits Murmeltiere pfeifen hören oder ihre Höhleneingänge entdeckt?

5 Rund um den Kreuzboden bietet das Hohsi-Land genügend Möglichkeiten, sich zu beschäftigen – sei es auf Hängebrücken, an Kletterwänden oder im Wasserpark. In den Sommerferien wird mehrmals die Woche Ponyreiten angeboten. Auch einen Kleintierzoo mit Zwergziegen gibt es. Wer mag, feuert an der Grillstelle ein und fährt nach dem Essen mit dem Trotti bis nach Trift oder Saas-Grund.

Variante
Abstieg nach Kreuzboden (2398 m)
Route: Von der Hütte führt der Weg eine Felsstufe hinab und unterhalb des Sesselliftes, der im Winter betrieben wird, zur Station Kreuzboden. Wird dieser Weg im Aufstieg gewählt, ist mit einer Stunde Wanderzeit zu rechnen.

Schwierigkeit	Zeit	Distanz	Höhenmeter
T2	45 Min.	1,7 km	↘ 330 m

Endpunkt: Kreuzboden (2398 m)

Abreise: Mit der Bergbahn nach Saas-Grund, mit dem Bus zum Bahnhof Visp.

7. Geltenhütte SAC (2002 m)

Spektakuläre Wasserfälle mit imposantem Gefälle: Bei der Wanderung zur Geltenhütte steht der Gältebach optisch und akustisch im Mittelpunkt. Ein Höhepunkt für Kinder ist sicherlich der Wegabschnitt hinter einem kleinen Wasserfall, der im Frühsommer und nach Regenfällen Wasser führt. In Hüttennähe gibt es zwei schöne Schwemmebenen zum Spielen und Baden. Auch ein kleiner Klettergarten befindet sich in Hüttennähe. Während des Alpsommers statten Yaks der Hütte einen Besuch ab.

Ausgangspunkt: Lauenensee (1375 m)

Anreise: Vom Bahnhof Gstaad mit dem Postauto nach Lauenen zur Haltestelle Lauenensee. Verkehrt mehrmals täglich von Ende Mai bis Mitte Oktober. Parkplätze gibt es bei der Bushaltestelle.

Route: Entlang des Gältebachs geht es taleinwärts zum ersten Wasserfall. Beim unteren Feisseberg kommt der Gälteschutz ins Blickfeld. Der Aufstieg führt rechtsherum auf gutem Zickzackweg. Kurz darauf ist die Hütte erreicht.

Schwierigkeit	Zeit	Distanz	Höhenmeter
T2	2 Std.	4 km	↗ 640 m ↘ 20 m

Allgemeine Informationen

Kontakt
Marianne und Ueli Stalder
Telefon 033 765 32 20
kontakt@geltenhuette.ch
www.geltenhuette.ch

Bewartungszeiten
Mitte Juni bis Mitte Oktober

Schlafplätze
80 Plätze, davon zwei Familienzimmer
mit vier und fünf Schlafplätzen

Koordinaten
2 592 348 / 1 136 367

Karte
1266 Lenk

Preise
(Übernachtung und Halbpension)
SAC-Mitglieder
Erwachsene: CHF 62.–
Jugendliche (13 bis 22 Jahre): CHF 50.–
Kinder (7 bis 12 Jahre):   CHF 31.–

Nichtmitglieder
Erwachsene: CHF 74.–
Jugendliche (12 bis 17 Jahre): CHF 55.–
Kinder (7 bis 11 Jahre):   CHF 36.–

Kinder (bis 6 Jahre):   CHF 19.–

Besonderes
Belohnung aus der Sugusbüchse,
zwei Schwemmebenen in Hüttennähe

Familienziel hoch über Lauenen: die Geltenhütte der Sektion Oldenhorn.

Der Gältebach sorgt mit seinen eindrücklichen Wasserfällen für einen kurzweiligen Hüttenaufstieg.

Sehen, Erleben, Staunen

1 Der idyllische Lauenensee liegt in einem Moorwiesen- und Naturschutzgebiet. Er ist relativ flach, die Temperatur daher meist angenehm. Wer mag, kann ein Ruderboot mieten.

2 Beim Wegabzweiger zur Alp Chüetungel ist ein Geo-Multicache versteckt. Viel Spass beim Rätseln!

3 Halbzeit! Die Alp Undere Feisseberg eignet sich für eine gemütliche Rast am Bach, der hier ungefährlich plätschert – der Gälteschutz ist gut zu hören und zu sehen (1 Std. ab Lauenen).

4 Dusche inklusive: Der Weg führt unter einem kleinen Wasserfall hindurch, der im Frühsommer und nach Regen Wasser führt.

5 Rund um die Geltenhütte ist das Gelände kinderfreundlich und bietet viel Platz zum Spielen und Entdecken: Hier wächst eine Vielzahl seltener Blumen – findest du ein Edelweiss? Falls ja: Bitte nur anschauen, nicht pflücken! Zudem gibt es viele Murmeltiere, mit etwas Glück lassen sich Bartgeier und Adler beobachten. Und natürlich die Yaks und Kühe, die hier im Sommer weiden. In der Nähe der Hütte ist ein Geocache versteckt. Wer sich ausruhen möchte, schnappt sich einen der Liegestühle und geniesst bei einem Stück selbst gemachtem Kuchen den Blick auf das Wildhorn und den Gältegletscher. In der hellen und freundlichen, 2015 umgebauten Hütte warten Gesellschaftsspiele und Malsachen auf dich. Kinderfinken sind vorhanden. Hunde können in einer wettergeschützten Hundebox ausserhalb der Hütte übernachten.

6 Die Schwemmebene im Furggetäli unterhalb der Hütte ist in wenigen Minuten erreicht und bietet viele Möglichkeiten wie Steinmandlibauen, Baden im eiskalten Wasser (für Mutige) und Stauen.

7 Oberhalb des Jägerstei bei der Schwemmebene kann an geneigten Kalkplatten geklettert werden. Die zehn Routen sind kinderfreundlich abgesichert, ca. 25 Meter lang und bieten Routen an Wasserrillen im 4. Schwierigkeitsgrad (20 Min. von der Hütte entfernt).

8 Von der Hütte sind die Wasserfälle des malerischen Rottals bereits ansatzweise zu sehen, in ihrer vollen Pracht geniesst man sie am Taleingang, wo sich auch eine grosse Schwemmebene befindet (20 Min. von der Hütte entfernt). Zählst du die Wasserfälle? Am eindrucksvollsten sind sie im Frühsommer zur Schneeschmelze, der imposanteste, der Rottalschuss, ist 190 Meter hoch. Ueli, der Hüttenwart, verrät dir, ob du richtig gezählt hast.

Naturschutzgebiet – was heisst das?

Beim Start der Wanderung am Lauenensee wird dir wahrscheinlich eines der grünen Schilder am Wegrand auffallen. Die Tafeln mit dem sogenannten «Eulenkleeblatt» signalisieren Naturschutzgebiete im Kanton Bern. Auf den Schildern sind die wichtigsten Verhaltensregeln abgebildet oder beschrieben. So darfst du im Naturschutzgebiet Gelten-Iffigen nicht zelten oder campieren, keinen Abfall liegen lassen, Hunde nur an der Leine führen und dich nicht abseits der Wanderwege bewegen. Zudem sollen Tiere nicht gestört werden und am Hohberg und am Lauenensee dürfen auch keine Blumen und Beeren gepflückt werden.

Naturschutzgebiete im Kanton Bern

Im Kanton Bern gibt es rund 200, meist kleinere Naturschutzgebiete. Unter Schutz gestellt werden spezielle, naturnahe und vielfältige Lebensräume, um den Artenreichtum eines Gebietes zu schützen und zu erhalten. Je nach Eigenheit des Gebiets oder Objekts gelten unterschiedliche Bestimmungen – so gibt es beispielsweise im Naturschutzgebiet Chaltenbrunnen-Wandelalp ein generelles Heidelbeeren-Pflückverbot. Gleichzeitig ist die Ausnahme festgehalten, dass die einheimische Bevölkerung Heidelbeeren zu Vorratszwecken von Hand pflücken darf – nicht aber mit einem Heitiströhl!

Weitere Schutzgebiete

Die Schweiz besitzt eine Vielzahl an verschiedenen Schutzgebieten, die sich in ihren Schutzzielen und -bestimmungen unterscheiden. Aber nur wenige Schutzgebietstypen betreffen Wanderer direkt. Im Nationalpark darf nur im Sommer auf dem offiziellen Wanderwegnetz gewandert werden. In wenigen kantonalen Wildruhezonen, oft auch Wildruhegebiete oder Wald-Wild-Schongebiete genannt, gilt in der festgelegten Schonzeit teilweise bis in den Frühling oder selten das ganze Jahr ein Weggebot oder sogar ein Zutrittsverbot. In kantonalen und kommunalen Naturschutzgebieten kann bei besonders empfindlichen Lebensräumen oder sehr störanfälligen Zielarten ein Weggebot oder Betretungsverbot gelten. In den eidgenössischen Jagdbanngebieten ist beispielsweise das freie Zelten und Campieren verboten und für Hunde besteht die Leinenpflicht. Am besten hältst du beim Wandern die Augen offen und informierst dich, was auf den Schildern am Wegrand steht.

Zu Beginn der Wanderung informieren grosse Tafeln über die Bestimmungen im Naturschutzgebiet Gelten-Iffigen.

Spezielle Regelungen, wie hier das Betretungsverbot einer Wiese, sind oftmals separat signalisiert.

8. Wildhornhütte SAC (2303 m)

Die Wildhornhütte oberhalb der Lenk thront auf einem Grasplateau, umgeben von Felsspitzen und kargen Schutthalden. Der kurzweilige Aufstieg führt durch das Naturschutzgebiet Gelten-Iffigen, dessen geologische Formationen zum Fossiliensuchen einladen. Unterwegs begegnet man immer wieder Tieren: Pferden, Kühen und Ziegen, flinke Augen sehen auch Murmeltiere, bei der Hütte gibt es Hühner, Hund und Katze. Wer sich traut, nimmt ein Bad im türkisblauen Iffigsee. Archäologisch Interessierte sollten sich einen Besuch der Gletscherreste am Schnidejoch oberhalb der Hütte nicht entgehen lassen – an diesem Passübergang werden immer wieder Gegenstände aus der Jungsteinzeit entdeckt.

Ausgangspunkt: Iffigenalp (1584 m)

Anreise: Vom Bahnhof Lenk mit dem Bus auf die Iffigenalp, verkehrt mehrmals täglich von Mitte Juni bis Mitte Oktober, beschränkte Platzzahl. Parkplätze gibt es auf der Iffigenalp. Bergfahrt mit dem Auto immer von xx.30 bis xx.45, Talfahrt immer von xx.00 bis xx.15 möglich.

Route: Von der Iffigenalp auf einer Alpstrasse durch das Iffigtal zur Alp Groppi. Anschliessend auf gutem Wanderweg hoch zum Iffigsee. Hier erblickt man erstmals die Hütte, es verbleiben noch rund 200 Höhenmeter bis zum Ziel.

Schwierigkeit	Zeit	Distanz	Höhenmeter
T2	2 Std. 30 Min.	6 km	↗ 770 m ↘ 50 m

Allgemeine Informationen

Kontakt
Monika und David Schmid
Telefon 033 733 23 82
info@wildhornhuette.ch
www.wildhornhuette.ch

Bewartungszeiten
Ende Juni bis Anfang Oktober

Schlafplätze
96 Plätze, davon ein Sechserzimmer

Koordinaten
2 596 100 / 1 136 430

Karte
1266 Lenk

Preise
(Übernachtung und Halbpension)
SAC-Mitglieder
Erwachsene: CHF 59.–
Jugendliche (11 bis 22 Jahre): CHF 50.–
Kinder (8 bis 10 Jahre):   CHF 30.–

Nichtmitglieder
Erwachsene: CHF 68.–
Jugendliche (11 bis 17 Jahre): CHF 52.–
Kinder (8 bis 10 Jahre):   CHF 32.–

Kinder (bis 7 Jahre):   CHF 18.–

Besonderes
Begrüssungstee, Hüttenhund
und -katze, Hühner, Wickelklapptisch

Rund um die Wildhornhütte der Sektion Moléson können Wildtiere beobachtet und Fossilien gesucht werden.

Besonders beliebt bei den kleinen Hüttengästen: Hüttenhund Ben und das Tigerbüsi.

Sehen, Erleben, Staunen

① Mit mehr als 100 Meter Fallhöhe gilt der Iffigfall als einer der schönsten Wasserfälle im Berner Oberland. Bei Glück mit Licht und Wetter könnt ihr einen Regenbogen sehen. In der Nähe ist ein einfacher Geocache versteckt. Der Fall ist in wenigen Gehminuten von der Postauto-Haltestelle Iffigenfall erreichbar.

② Beim Berggasthaus Iffigenalp beginnt und endet die Wanderung. Kinder können sich auf dem Trampolin vergnügen, für die Grossen stehen Strandkörbe bereit. Zudem wird Alpkäse verkauft.

③ Entlang des Iffigbachs gibt es immer wieder Spielmöglichkeiten (ca. 35 Min. von Iffigenalp). Auf der Alp Groppi werden Getränke, Käse und Trockenwurst verkauft. Hast du den kleinen Wasserfall bereits entdeckt?

④ Muh! Vielleicht kannst du hier Kühe beobachten, die sich im Wasser abkühlen.

⑤ Der idyllische Iffigsee lädt zu einer wohlverdienten Rast ein (1 Std. 45 Min. von Iffigenalp entfernt). Wer wagt sich ins Wasser? Im grünblauen Gebirgssee darf von Juni bis September gefischt werden. Tageskarten sind im Berggasthaus Iffigenalp oder im Juli und August bei den Älplern am See erhältlich. Geocacher werden in der Nähe des Sees fündig.

⑥ Die Schwemmebene, genannt Sandbode, ist ein herrlicher Platz zum Spielen am Bach.

7 Rund um die Wildhornhütte wartet ein grosser Naturspielplatz auf dich: Wer findet Versteinerungen in den Kalkfelsen? Wem gelingt die höchste Steinskulptur? Wer gerne Tiere hat, stattet den Hühnern einen Besuch ab oder spielt mit dem Tigerbüsi und dem Hüttenhund Ben. Mit etwas Glück kannst du auch Wildtiere beobachten. In der Hütte gibt es Bücher, Spiele und Malstifte. Kinderfinken stehen zur Verfügung. Hunde können im Holzschopf oder in der Winterküche übernachten. Ein Wassernapf ist vorhanden.

8 Gut abgesicherter Kinderklettergarten mit Routen im Schwierigkeitsgrad 3 bis 5, (5 Min. von der Hütte entfernt). Weitere Sektoren gibt es unterhalb der Hütte.

9 Das schmelzende Eis am Schnidejoch hat in den letzten Jahren immer wieder Objekte aus der Jungsteinzeit freigegeben. Vielleicht wirst auch du am Passübergang fündig (1 Std. 30 Min. von der Wildhornhütte entfernt)? Kurz vor dem Pass kommst du an der Zunge des Chilchligletschers vorbei.

Variante

10 Beim Besteigen des Iffighores erwartet dich ein tolles Panorama. Auch ein Geocache ist hier versteckt.

11 Findest du beim Abstieg ein Edelweiss? Da die Pflanzen im Naturschutzgebiet besonders geschützt sind, bitte keine Blumen pflücken.

Variante/Gipfelziel
Über das Iffighore (2378 m) zurück nach Iffigenalp

Route: Ein tolles Panorama erwartet alle, die zusätzlich das Iffighore erklimmen: Von der Wildhornhütte geht es zunächst hinab Richtung See, bei der Weggabelung P. 2163 nach Norden hinauf zum grasigen Iffighore. Der Abstieg erfolgt über den Hohberg. Beim Abzweiger Chesseli führt der Wanderweg steil hinab ins Iffigtal und zurück zur Iffigenalp.

Schwierigkeit	Zeit	Distanz	Höhenmeter
T2	1 Std. 15 Min. aufs Iffighore	3 km	↗ 150 m ↘ 180 m
T2	3 Std. bis Iffigenalp	8,2 km	↗ 280 m ↘ 1000 m

Steinzeitliche Funde am Schnidejoch

Im Hitzesommer 2003 haben Wanderer uralte Objekte auf dem 2756 Meter hohen Passübergang oberhalb der Wildhornhütte entdeckt. Das schmelzende Eisfeld am Schnidejoch gibt seither immer wieder Gegenstände frei: Kleidungsstücke aus Bast und Leder, Schuhnägel, Pfeile, Köcher und Münzen – die ältesten Funde stammen von jungsteinzeitlichen Jägern und Sammlern und sollen mehr als 6000 Jahre alt sein. Wissenschaftler gehen davon aus, dass das Schnidejoch schon vor 6500 Jahren als Passübergang ins Wallis benutzt wurde. Offenbar herrschten damals ähnliche klimatische Bedingungen wie heute. Die Funde lassen den Schluss zu, dass auch die Römer das Joch als Übergang nutzten: Am Pass stiess man auf römische Schuhnägel, am Iffigsee auf die Überreste einer Mauer, die vermutlich einmal Teil einer römischen Herberge war und bei der Wildhornhütte fand man einen römischen Sesterz.

Das schmelzende Eisfeld am Schnidejoch im Jahr 2006. Rechts im Bild, an der dunklen Stelle, wurden die meisten Funde geborgen.

Archäologen legen einen Pfeil frei, der teilweise noch von Eis bedeckt ist.

9. **Wildstrubelhütte** SAC (2791 m)

Von der Walliser Seite ist die Wildstrubelhütte dank Bergbahnen in gut einer Stunde erreichbar und damit ein beliebtes Ziel für Wanderer und Biker. Die Hütte befindet sich in einer kargen, steinigen Landschaft; mit einer Lage auf knapp 2800 Meter gehört sie zu den höheren Wanderhütten. Rund um die Hütte können sich Kinder austoben, sei es auf der Slackline, auf dem Trampolin oder im Boulderraum. Wer übernachtet, geniesst tolle Sonnenuntergänge.

Ausgangspunkt: Plaine Morte (2927 m)

Anreise: Vom Bahnhof Sierre zu Fuss zur Standseilbahn nach Montana. Weiter mit dem Ortsbus oder zu Fuss (15 Min.) zur Talstation der Gondelbahn Barzettes–Violettes. In Violettes weiter mit der Luftseilbahn nach Plaine Morte. Die beiden Bergbahnen sind von Mitte Juli bis Mitte September, von 9.15 bis 17.00 Uhr (Violettes-Bahn) beziehungsweise 9.45 bis 16.15 Uhr (Plaine-Morte-Bahn) in Betrieb. Parkplätze gibt es bei den Talstationen in Sierre und Montana.

Route: Von der Bergstation Plaine Morte geht es hinauf zur Pointe de la Plaine Morte, anschliessend erfolgt der Abstieg zur Pointe de Vatseret. Nach dem Gegenanstieg zur Wisshorelücke führt der Wanderweg hinab zur Wildstrubelhütte. Ein kurzes Wegstück ist beim Abstieg von der Lücke mit Ketten gesichert, zudem muss ein Schneefeld passiert werden. Jüngere Kinder sollten im Auge behalten werden.

Schwierigkeit	Zeit	Distanz	Höhenmeter
T2	1 Std. 15 Min.	2,7 km	↗ 170 m ↘ 260 m

Allgemeine Informationen

Kontakt
Katja und Thomas Heiniger
Telefon 033 744 33 39
info@wildstrubelhuette.ch
www.wildstrubelhuette.ch

Bewartungszeiten
Ende Juni bis Anfang Oktober

Schlafplätze
72 Plätze, davon ein Viererzimmer

Koordinaten
2 602 270 / 1 136 800

Karten
1266 Lenk, 1267 Gemmi

Preise
(Übernachtung und Halbpension)
SAC-Mitglieder
Erwachsene: CHF 60.–
Jugendliche (13 bis 22 Jahre): CHF 49.–
Kinder (6 bis 12 Jahre):   CHF 41.–

Nichtmitglieder
Erwachsene: CHF 70.–
Jugendliche (13 bis 17 Jahre): CHF 54.–
Kinder (6 bis 12 Jahre):   CHF 46.–

Kinder (bis 5 Jahre):   CHF 26.–

Besonderes
Boulderraum, Slackline, Trampolin,
Postkarten mit Hüttenstempel

Hier ist die Luft bereits dünner: die Wildstrubelhütte der Sektionen Wildhorn und Kaiseregg.

Unterhalb der Wisshorelücke bleibt der Schnee auch im Sommer liegen.

Sehen, Erleben, Staunen

❶ Willkommen auf dem Mond: Beim Aussichtspunkt mit der Wetterstation an der Pointe de la Plaine Morte bist du auf einer Höhe von 2926 Meter und die Landschaft ist – wie der Name schon sagt – karg und steinig. Hier befindest du dich auf der Kantonsgrenze Wallis/Bern. Im Norden siehst du den Wildstrubel mit dem flachen Glacier de la Plaine Morte davor, links das Wildhorn. Im Süden zeigt sich der Walliser Alpenbogen in seiner ganzen Pracht.

❷ Auch auf der Pointe de Vatseret hast du einen tollen Ausblick. Der Wanderweg zum Gipfel ist markiert, du erreichst ihn in 15 Minuten.

❸ Auf der Wisshorelücke siehst du die Wildstrubelhütte und befindest dich von nun an im Kanton Bern (1 Std. ab Bergstation). Zu Beginn des Abstiegs ist ein kurzes Stück mit Ketten gesichert, anschliessend führt der Weg über ein Schneefeld, das aufgrund der Höhe und der Lage auch im Sommer nicht schmilzt. Hier gibt es auch noch einen kleinen Gletscher(rest). Weiter oben auf dem Wisshore befindet sich eine Radarstation, mit der die Schweizer Armee den Luftverkehr überwacht. Eine Seilbahn führt von Iffigenalp an der Wildstrubelhütte vorbei hinauf. Bei der Wildstrubelhütte ist eine Zwischenstütze, die Hüttenwarte dürfen Material mit der Bahn transportieren. Ansonsten ist die Anlage nicht öffentlich.

❹ An der Wildstrubelhütte angekommen, wirst du wahrscheinlich zuerst die beiden Hüttenhunde Jerry und Nina, einen Labrador und einen Border Collie, entdecken. Rund um die Hütte befindet sich ein grosser, steiniger Spielplatz; hast du das alte Toilettenhäuschen gesehen? Rund hundert Meter unterhalb der Hütte ist ein Geocache versteckt. Neben der Hütte gibt es ein Trampolin, bei der rund 50 Meter entfernten alten Hütte, dem Rohrbachhaus, kannst du dich auf der Slackline oder im Boulderraum im ersten Stock austoben. Tierbeobachtungen sind hier oben selten: Laut Hüttenwartin sieht man am ehesten Mäuse :-). In der Hütte findest du viele Gesellschaftsspiele sowie Malsachen und Bücher. Verschiedene Artikel wie Mützen, Sonnencreme und Zahnbürsten werden verkauft. Kinderfinken sind vorhanden. Hunde können in Hundeboxen im Rohrbachhaus übernachten, Napf und Decke stehen zur Verfügung.

❺ Wer noch weiter wandern möchte und Lust auf eine Erfrischung hat, sollte die Rawilseeleni rund 40 Minuten unterhalb der Wildstrubelhütte besuchen. Hier triffst du vielleicht auf das eine oder andere Murmeltier. Auch ein Geocache ist hier versteckt.

❻ In der Nähe der Rohrbachlücke gibt es einen Klettergarten mit zwölf Routen zwischen 4c und 6b im rauen Kalk. Ein 60-Meter-Seil ist nötig. Der Zustieg von der Hütte beträgt rund 25 Minuten und ist markiert, der Abstieg erfolgt von oben über Fixseile. Das Topo und weitere Infos gibt es in der Hütte.

Variante

7 Beim Lac de Huiton wird die Landschaft merklich grüner. Hier weiden im Sommer Walliser Schwarznasenschafe. Rund um den See gibt es viele Felsblöcke zum Kraxeln (50 Min. von der Hütte entfernt). Von hier erreicht man die Pointe de Vatseret in rund 35 Minuten und kann zur Bergstation Plaine Morte zurückkehren.

8 Auf dem Weiterweg tummeln sich Walliser Schwarzhalsziegen, die auch Gletschergeissen genannt werden.

9 Das letzte Stück zum Col de Pochet (2500 m) ist steil – anschliessend geht es in 35 Minuten hinunter zur Bergstation Les Violettes.

10 Bei der Bergstation der Violettes-Bahn befindet sich die Cabane des Violettes an eher untypischer Lage für eine SAC-Hütte. Das traditionelle Steinhaus mit rot-weiss gestrichenen Fensterläden bietet typische Walliser Küche, vor der Hütte gibt es einen schönen Platz mit Schaukel, von der Terrasse aus eine grandiose Aussicht.

Variante
Abstieg über den Col de Pochet zur Cabane des Violettes CAS
Route: Von der Wildstrubelhütte dem Aufstiegsweg bis zur Wisshorelücke folgen, hier weiter Richtung Rohrbachlücke (der Abstieg ist zu Beginn steil und mit Drahtseil gesichert) und hinab zum Lac de Huiton. Beim Weiterweg zum Col de Pochet erfolgt eine Traverse, die mit Ketten gesichert ist, zum Schluss geht es steil hinauf. Anschliessend erfolgt der Abstieg zur Cabane des Violettes bei der Bergstation der Gondelbahn Barzettes–Violettes. Der Weg ist etwas anspruchsvoller als der Zustieg, jüngere Kinder sollten bei den ausgesetzten Passagen beaufsichtigt oder an die Hand genommen werden.

Schwierigkeit	Zeit	Distanz	Höhenmeter
T2+	2 Std. 30 Min.	7,7 km	↗ 205 m ↘ 770 m

Endpunkt: Les Violettes (2220 m)

Abreise: Mit der Gondelbahn nach Montana; weiter zu Fuss oder mit dem Bus zur Standseilbahn, die nach Sierre fährt.

Tierische Begegnung: Auf dem Wanderweg zum Col de Pochet tummeln sich Schwarzhalsziegen.

Wenn die Luft dünner wird

Je höher wir uns befinden, desto geringer wird der Luftdruck und damit der Anteil an Sauerstoff in der eingeatmeten Luft. Manche Menschen bemerken dies bereits ab einer Höhe von 2000 bis 2500 Meter über Meer. Ab 4000 Meter leidet jeder Zweite unter der Höhenkrankheit, insbesondere bei einem schnellen Aufstieg mit einer Bahn. Die Reaktionen sind unterschiedlich: Kopfschmerzen, Schwindel, Übelkeit, Herzrasen und Schlaflosigkeit zählen zu den Symptomen. Wer also höher hinaus will, sollte darauf achten, den Körper schrittweise zu akklimatisieren. Wenn man mehrere Tage lang auf über 2000 Meter unterwegs ist und auch auf dieser Höhe schläft, passt sich der Körper an die verringerte Sauerstoffaufnahme an. Dies ist vor allem für Kinder wichtig, da sie sensibler als Erwachsene auf die Höhe reagieren.

Tipps für alle, die hoch hinaus wollen

Die Hüttenwartin der Wildstrubelhütte rät, ihre Hütte nicht als erstes Ziel in der Saison zu besuchen, sondern vorher zu tiefer gelegenen Hütten zu wandern und sich langsam an die Höhe zu gewöhnen. Wohl besteht die Möglichkeit, vom Tal aus zu Fuss in die Wildstrubelhütte aufzusteigen und auf die Bergbahn zu verzichten, dies kommt aber vor allem für ältere Kinder in Frage. Folgende Tipps wirken präventiv, um die Höhe besser zu ertragen: Bereits zum Frühstück und danach den ganzen Tag ausreichend Flüssigkeit zu sich nehmen. Genug Zeit für den Aufstieg einplanen, damit eine gemütliche Wanderung mit Pausen möglich ist. Wenn machbar, immer einige hundert Höhenmeter über die Hütte aufsteigen und danach zur Hütte absteigen. Zudem gibt es die Möglichkeit, bereits vor der Tour homöopathische Globuli gegen die Höhenkrankheit einzunehmen – garantiert ohne Nebenwirkungen.

Karge, hochalpine Landschaft rund um Wildstrubel und Plaine Morte: Bereits ab 2000 Meter reagieren manche Menschen auf die Höhe, Kinder sind besonders sensibel.

In der alten Hütte haben die Hüttenwarte einen Boulderraum eingerichtet.

10. **Doldenhornhütte** SAC (1915 m)

Klein, aber fein: Die familiäre Doldenhornhütte liegt idyllisch auf einem Plateau hoch über Kandersteg. Der abwechslungsreiche Hüttenweg führt vorbei an Lärchen, Föhren, Bergbächen und durch eine wunderschöne Alpenflora. Rund um die Hütte können sich Kinder gefahrlos aufhalten, während sich die Eltern mit einem kühlen Getränk im Liegestuhl entspannen und den Blick auf die eindrücklichen Felswände des Fisistocks geniessen. Oberhalb der Hütte kann man den Oeschinensee bewundern und sich in der Natursteinbadewanne erfrischen.

Ausgangspunkt: Kandersteg (1170 m)

Anreise: Mit dem Zug nach Kandersteg. Parkplätze gibt es bei der Oeschinenbahn.

Route: Vom Bahnhof Kandersteg geht es zunächst ins Dorf, anschliessend entlang des Oeschibachs in den Oeschiwald, wo der markierte Hüttenweg abzweigt. Vom Parkplatz bei der Oeschinenbahn der Strasse Richtung Oeschinensee folgen und über den Bach zum Wanderweg. Vorsicht gilt beim Bärentritt, einer mit Drahtseil gesicherten Felsstufe. Durch schattenspendenden Wald geht es auf einfachem Weg weiter zur Hütte.

Schwierigkeit	Zeit	Distanz	Höhenmeter
T2	2 Std. 30 Min.	5,2 km	↗ 750 m ↘ 10 m

Allgemeine Informationen

Kontakt
Yvonne und Albert Feuz
Telefon 033 675 16 60
doldenhornhuette@bluewin.ch
www.doldenhornhuette.ch

Bewartungszeiten
Anfang Juni bis Ende September

Schlafplätze
34 Plätze, davon ein Sechserzimmer

Koordinaten
2 619 870/1 148 430

Karte
1247 Adelboden

Preise
(Übernachtung und Halbpension)
SAC-Mitglieder
Erwachsene: CHF 62.–
Jugendliche (16 bis 22 Jahre): CHF 47.–
Kinder (11 bis 15 Jahre):   CHF 34.–
Kinder (7 bis 10 Jahre):   CHF 24.–
Kinder (bis 6 Jahre):   CHF 15.–

Nichtmitglieder
Erwachsene: CHF 73.–
Jugendliche (16 bis 17 Jahre): CHF 52.–
Kinder (11 bis 15 Jahre):   CHF 39.–
Kinder (7 bis 10 Jahre):   CHF 29.–
Kinder (bis 6 Jahre):   CHF 17.–

Besonderes
Überraschungsgeschenk für Kinder bis zwölf Jahre, Alpenbad oberhalb der Hütte

Inmitten prächtiger Flora und mit beeindruckenden Tiefblicken: die Doldenhornhütte der Sektion Emmental.

Unterwegs laden Bäche zu einer Abkühlung ein.

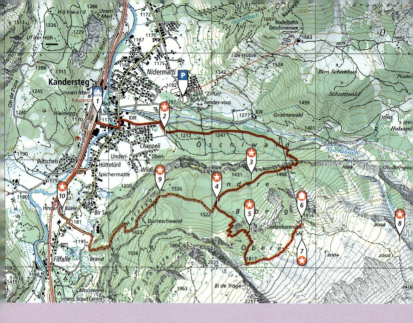

Mmh: Auf der Hütte warten selbst gemachte Leckereien auf hungrige Gäste.

Sehen, Erleben, Staunen

❶ Beim Bahnhof Kandersteg gehts los. Wer noch Verpflegung braucht, kann diese in der Molkerei oder im Dorfladen besorgen.

❷ Zum Toben vor oder nach der Wanderung: Der grosse Kinderspielplatz am Oeschiwald.

❸ ❺ Auf dem Hüttenweg laden immer wieder Sitzbänke zum Ausruhen ein. Unterwegs sind auch einige Geocaches versteckt.

❹ Auf halber Strecke befindet sich im Wald eine Feuerstelle an einem Bach. Also nichts wie los und Holz sammeln! Wanderzeit ca. eine Stunde und 30 Minuten ab Bahnhof Kandersteg.

❻ Rund um die Doldenhornhütte, die sich im UNESCO-Welterbe Swiss Alps Jungfrau-Aletsch befindet, können sich Kinder gefahrlos aufhalten. Wer Heidelbeeren sammeln möchte, erhält von der Hüttenwartin einen Behälter. Mit etwas Glück kann man Gämsen mit ihren Jungen beim Fressen und Birkhühner beobachten. Feldstecher nicht vergessen! In der kleinen, gemütlichen Hütte gibt es Gesellschaftsspiele, Malsachen und Bücher. Auch Kinder-Hüttenfinken sind vorhanden. Hunde können im Schuhraum übernachten.

❼ Das Alpenbad lockt: Klein und Gross können sich in der Natursteinbadewanne oberhalb der Hütte abkühlen, Bäche stauen und Steinmandli bauen.

❽ Rund 30 Minuten von der Hütte entfernt befindet sich ein Aussichtspunkt mit traumhaftem Blick auf Oeschinensee und Blüemlisalpkette.

Variante

❾ Pause mit Aussicht: Von den Sitzbänken geniesst man den Blick hinunter nach Kandersteg (ca. 1 Std. ab Doldenhornhütte).

❿ Der Landgasthof Ruedihus stammt aus dem Jahr 1753 und ist damit eines der ältesten Häuser in Kandersteg. Für Kinder spannend: Der Ricola-Kräutergarten neben dem Gasthof. Hier können 13 Kräuter erschnuppert und ertastet werden. Von hier ist es noch eine gute Viertelstunde Fussmarsch zum Bahnhof Kandersteg.

Doldenhornhütte SAC (1915 m)

Variante
Abstieg über Holzfad nach Kandersteg
Route: Zunächst geht es entlang des Aufstiegswegs bis zum Brätelplatz im Wald, wo der Weg nach Holzfad und Filfalle abzweigt. Auf schönem Wanderweg hinab nach Kandersteg. Im Talboden entlang des Bahngleises zum Bahnhof.

Schwierigkeit	Zeit	Distanz	Höhenmeter
T2	2 Std.	5,5 km	↗ 50 m ↘ 790 m

Oberhalb der Hütte hat man freie Sicht auf den malerischen Oeschinensee.

Mit Naturmaterialien kreativ werden: Blüten-Kunstwerk bei der Doldenhornhütte.

Landart – vergängliche Kunstwerke aus und in der Natur

Ein Steinmandli könnte man als Landart-Klassiker bezeichnen: Ein vergängliches Kunstwerk, erschaffen aus Materialien, die draussen zu finden sind. Kinder sind oft automatisch kreativ, wenn sie bei einer Picknickpause ihre Umgebung erkunden. Je nach Jahreszeit, Region und Höhenlage bieten sich unterschiedliche Möglichkeiten; während es im (Früh-)Sommer viele verschiedene Blüten gibt, die zu Mustern arrangiert werden können, findet man im Herbst Blätter und Früchte; im Wald gibt es immer Stöcke zum Schnitzen oder Moos und Zweige für ein Zwergenhaus. Ist ein Bach in der Nähe, kann man diesen stauen oder selbst gebastelte Boote fahren lassen. Das Tolle an Landart: Es ist in der Regel kein zusätzliches Material nötig und es gibt kein Richtig oder Falsch. Wenn auch die Erwachsenen mitmachen, entsteht ein Familienkunstwerk, an das sich alle Teilnehmenden der Wanderung – per Foto dokumentiert – noch lange erinnern werden.

11. Lobhornhütte (1955 m)

Eiger, Mönch und Jungfrau sind zum Greifen nah: Die Lobhornhütte im Lauterbrunnental bietet eine erstklassige Aussicht auf das berühmte Berner Dreigestirn – diese geniesst man am besten beim Frühstück auf der Terrasse nach einer Übernachtung in der kleinen, familiären Hütte. Der Hüttenweg ist dank Seilbahnunterstützung relativ kurz, zudem abwechslungsreich: Entlang des Weges sind mehrere Geocaches versteckt, zum Abkühlen gibt es einen Bach und einen See. Wer die Abstiegsvariante über das Soustal zur Grütschalp wählt, kann sich von einer weiteren Luftseilbahn hinab ins Tal bringen lassen.

Ausgangspunkt: Sulwald (1520 m)

Anreise: Vom Bahnhof Lauterbrunnen mit dem Postauto nach Isenfluh, hier auf die Luftseilbahn nach Sulwald. Die Bahn verkehrt ganzjährig von 9.00 bis 18.15 Uhr alle 15 Minuten. Parkplätze gibt es am Dorfausgang von Isenfluh.

Route: Von der Bergstation der Luftseilbahn kurz der Teerstrasse Richtung Lauterbrunnen folgen. Anschliessend auf dem beschilderten Wanderweg durch den Guferwald und entlang des Sulsbaches zur Alp Suls und hinauf zur Lobhornhütte.

Schwierigkeit	Zeit	Distanz	Höhenmeter
T2	1 Std. 30 Min.	3 km	↗ 440 m

Allgemeine Informationen

Kontakt
Irene Beck Tamang und Talak Tamang
Telefon 079 656 53 20
info@lobhornhuette.ch
www.lobhornhuette.ch

Bewartungszeiten
Anfang Mai bis Ende Oktober

Schlafplätze
24 Plätze

Koordinaten
2 632 963 / 1 163 117

Karte
1228 Lauterbrunnen

Preise
(Übernachtung und Halbpension)
SAC-Mitglieder Erwachsene: CHF 61.–
Nichtmitglieder Erwachsene: CHF 66.–
Jugendliche (14 bis 17 Jahre): CHF 46.–
Kinder (3 bis 13 Jahre): CHF 10.–
plus CHF 2.–
pro Altersjahr

Besonderes
Aussicht auf Berner Bergriesen,
Sulsseewli, Kinder bis zwei Jahre essen
und schlafen gratis

Beliebtes Ausflugsziel im Lauterbrunnental: die Lobhornhütte der Sektion Lauterbrunnen.

Ein Bad im Sulsseewli ist für viele der Höhepunkt der Wanderung.

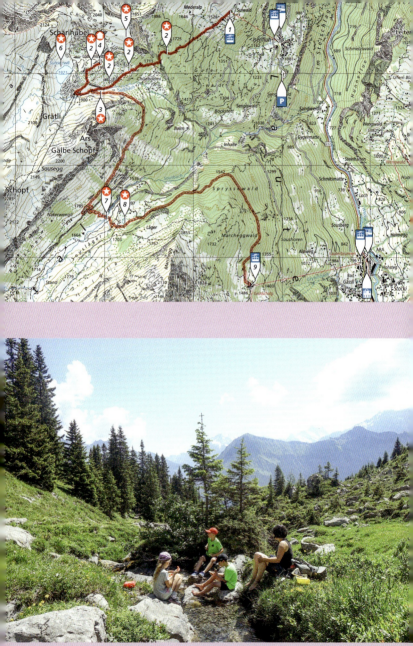

Ein schöner Ort für eine Pause: der Sulsbach kurz vor der Alp Suls.

Sehen, Erleben, Staunen

1 Bei der Bergstation der Luftseilbahn Isenfluh-Sulwald befindet sich das Sulwald-Stübli, wo man die Aussicht geniessen und sich verpflegen kann. Für die Rückfahrt nach Isenfluh stehen Monstertrottis bereit. Eine Tafel informiert über den Themenweg «Natur, Sagen, Kraftorte», der hier beginnt. Hast du die Zahlen links des Silberhorns im Fels entdeckt?

2 Entlang des Aufstiegsweges sind immer wieder Geocaches an Bäumen und in Felsspalten versteckt. Viel Spass bei der Schatzsuche!

3 Zeit für ein Picknick mit Abkühlung: Am Sulsbach gibt es schöne Plätze zum Spielen und Verweilen (1 Std. ab Sulwald). Weiter oben bei der Alp Suls kannst du Alpkäse kaufen und dich am Brunnen erfrischen. Hier verbringen Kühe und Schweine die Sommermonate.

4 Die kleine, heimelige Lobhornhütte bietet draussen einen gefahrlosen Spielplatz mit toller Aussicht, drinnen gibt es Gesellschaftsspiele, Bücher und Malsachen. Kinderfinken sind vorhanden. Hunde können im Vorraum übernachten. Unterhalb der Hütte ist ein einfacher Toprope-Klettergarten eingerichtet.

5 Blick ins Tal: Von der Chüematta weitet sich das Panorama mit schönem Blick nach Interlaken (ca. 30 Min. von der Hütte entfernt).

6 Über Schrofengelände (Vorsicht Spalten und Löcher) erreichst du in 15 Minuten das schön gelegene Sulsseewli. Ein perfekter Ort zum Baden und Ausruhen! Im Wasser gibt es Fische und Kaulquappen. Hast du bereits ein Murmeltier gesehen?

Variante

7 Pause gefällig? Am Sousbach hast du noch einmal Gelegenheit dazu (1 Std. 15 Min. ab der Lobhornhütte).

8 Beim Flöschwaldsee ist unterhalb des Wegs ein Geocache versteckt.

9 Von der Grütschalp bringt dich die Luftseilbahn in vier Minuten hinunter nach Lauterbrunnen.

Lobhornhütte (1955 m)

Variante
Abstieg duchs Soustal nach Grütschalp
Route: Entlang des Aufstiegsweges geht es hinab zu den Alphütten von Suls, wo unterhalb der Wanderweg Richtung Soustal und Grütschalp abzweigt. Im Sousläger überquert man den Bach und gelangt zum Marcheggwald und hinab zur Grütschalp. Hier nimmt man die Luftseilbahn nach Lauterbrunnen.

Schwierigkeit	Zeit	Distanz	Höhenmeter
T2	2 Std.	6,5 km	↗ 175 m ↘ 640 m

Endpunkt: Grütschalp (1486 m)

Abreise: Mit der Luftseilbahn nach Lauterbrunnen (verkehrt von Mitte Mai bis Ende Oktober von 6.00 bis 20.00 Uhr). Anschliessend mit dem Zug Richtung Interlaken.

Lecker! Die hausgemachten Kuchen von Hüttenwartin Irene Beck sind sehr zu empfehlen.

Im Sulsseewli kannst du Fische und Kaulquappen beobachten.

12. **Bächlitalhütte** SAC (2328 m)

Hier ist der Hüttenname Programm: Auf der Wanderung zur Bächlitalhütte im Grimselgebiet trifft man immer wieder auf Wasser, das sich schlängelt, rauscht, zum Stauen oder Baden lädt. Die grosse Schwemmebene, der Bächlisboden, ist perfekt zum Spielen und Verweilen. Und an den Felsen rund um die Hütte gibt es zahlreiche Möglichkeiten in allen Schwierigkeitsgraden, um die Reibung der Kletterschuhe zu testen. Mit etwas Glück lassen sich Gämsen, Murmeltiere und Schneehühner beobachten. Wer mag, kann unterwegs die farbigen Flechten der Felsen unter die Lupe nehmen.

Ausgangspunkt: Räterichsboden (1770 m)

Anreise: Vom Bahnhof Meiringen oder Oberwald mit dem Postauto Richtung Grimsel zum Räterichsboden, fährt viermal täglich von Ende Juni bis Mitte Oktober. Parkplätze gibt es bei der Staumauer.

Route: Über die Staumauer des Räterichsbodensees geht es in westlicher Richtung auf Treppenwegen zu P. 2157. Anschliessend erreicht man die Schwemmlandschaft des Bächlisbodens. Die Hütte thront rund 150 Höhenmeter über dem Bächlisboden auf einem Felspodest.

Schwierigkeit	Zeit	Distanz	Höhenmeter
T2	2 Std. 15 Min.	4 km	↗ 600 m ↘ 70 m

Allgemeine Informationen

Kontakt
Esther und Bernhard Bitschnau
Telefon 033 973 11 14
info@baechlitalhütte.ch
www.baechlitalhütte.ch

Bewartungszeiten
Mitte Juni bis Mitte Oktober

Schlafplätze
75 Plätze, davon ein Vierer-
und ein Sechserzimmer

Koordinaten
2 664 680 / 1 159 870

Karte
1230 Guttannen

Preise
(Übernachtung und Halbpension)
SAC-Mitglieder
Erwachsene: CHF 64.–
Jugendliche (10 bis 22 Jahre): CHF 52.–

Nichtmitglieder
Erwachsene: CHF 77.–
Jugendliche (10 bis 17 Jahre): CHF 59.–

Kinder (bis 9 Jahre):   CHF   3.–
                               pro Altersjahr

Besonderes
Schwemmebene, See, Klettergärten

Im Rausch des Wassers: die Bächlitalhütte der Sektion Am Albis im Grimselgebiet.

Im Bächlisboden gibt es Wasser zum Überspringen, Durchwaten, Baden, Stauen…

Spiele für jeden Geschmack: In der gemütlichen Stube wird dir bestimmt nicht langweilig.

Sehen, Erleben, Staunen

1 Auf der Staumauer des Räterichsbodensees hat ein Tier Pfotenabdrücke hinterlassen. Hast du sie entdeckt? Von welchem Tier stammen sie?

2 Bei der Wanderwegkreuzung befindet sich ein schöner Picknickplatz mit Tisch, Grillstelle und Brennholz – vielleicht etwas für den Rückweg? Als Zwischenverpflegung lohnt es sich, nach Heidelbeeren Ausschau zu halten, diese gedeihen im Sommer entlang des Aufstiegswegs. Doch aufgepasst: Auf der linken Seite des Wegs befindest du dich bis zum Bächlisboden im Naturschutzgebiet Grimsel, hier dürfen keine Beeren und Pflanzen gepflückt werden.

3 Ungefähr 300 Flechtenarten verleihen der alpinen Landschaft der Grimsel ein abwechslungsreiches Farbenkleid. Unterwegs lassen sich einige davon entdecken. Am besten nimmst du eine Lupe mit! Mehr Infos dazu auf der nächsten Seite.

4 Nach dem ersten Anstieg gibt es auf einem flachen Felsblock einen schönen Pausenplatz, auf dem sich Steinmandli bauen lassen (ca. 1 Std. ab Räterichsboden).

5 Die Schwemmebene des Bächlisbodens ist ein riesiger Spielplatz mit Sandstrand, zum Planschen, Spielen und Entdecken. Ab hier befindest du dich im UNESCO-Welterbe Swiss Alps Jungfrau-Aletsch, dem ersten Welterbe in der Schweiz und im Alpenraum.

6 Wer wagt sich in den kleinen See bei der Hütte (10 Min. entfernt)? In unmittelbarer Nähe gibt es verschiedene Ein- und Mehrseillängenrouten ab 3c, die besonders für Familien und Kinder geeignet sind. Topos auf www.baechlitalhuette.ch.

7 Unterhalb der Bächlitalhütte flitzen Murmeltiere über die Felsen, auch Gämsen und Schneehühner lassen sich mit etwas Glück beobachten. Vielleicht findest du sogar einen Kristall rund um die Hütte. Hammer und Meissel stehen zur Verfügung. In der Hütte gibt es zahlreiche Gesellschaftsspiele sowie eine Bücherecke. Kinderfinken sind vorhanden. Hunde können auf Anfrage im Winterraum übernachten.

8 Lust auf Eis? In einer 40-minütigen Wanderung erreicht man die Gletscherzunge des Bächligletschers.

9 Entlang des Säumerpfades vom Grimselsee zur Handegg sind mehrere Geocaches versteckt. Wer mag, kann ab Räterichsboden auf dem Wanderweg zur Handegg (1401 m) absteigen oder zum Grimsel Hospiz (1980 m) aufsteigen, an beiden Orten hält das Postauto.

10 Bei Schlechtwetter empfiehlt sich die Besichtigung des Kraftwerks und der Kristallkluft der Kraftwerke Oberhasli bei der Postautohaltestelle Gärstenegg. Anmeldung unter Telefon 033 982 26 26 oder www.grimselwelt.ch.

Flechten: versteckte Überlebenskünstler

Unterwegs zur Bächlitalhütte kommst du an einer Vielzahl verschiedener Flechten vorbei. Mit blossem Auge erscheinen sie zunächst wie eine Kruste oder ein Sträuchlein. Unter dem Mikroskop erkennt man aber, dass es sich um einen Pilz handelt, der in Symbiose mit einer Alge lebt. Der Pilz versorgt die Alge mit Wasser und Nährstoffen und schützt diese mit oft farbigen Flechtenstoffen vor Fressfeinden. Im Gegenzug liefert die Alge dem Pilzpartner zuckerähnliche Nahrung über die Fotosynthese. Flechten nehmen bei nasser Witterung viel Wasser auf – was sie beim Wandern oft unberechenbar glitschig macht. Im feuchten Zustand ist die Flechte physiologisch aktiv und betreibt Atmung und Fotosynthese. Bei sonnigem Wetter harrt die Flechte in Trockenstarre aus. So kann sie die extremsten Lebensräume besiedeln.

Der Flechtenweg zur Bächlitalhütte ist mit Hinweistafeln ausgeschildert. Zudem gibt es einen Flyer mit Erklärungen zu ausgewählten Flechtenarten, ihren Lebensräumen und ihrer Biologie sowie Fotos (zu finden auf www.baechlitalhuette.ch und www.wsl.ch). Wer die Flechten genauer erforschen will, sollte eine Lupe, am besten mit zehnfacher Vergrösserung, mitnehmen.

Unter die Lupe genommen: die orange leuchtende, zierliche Gelbflechte bei der Staumauer.

13. **Gelmerhütte** SAC (2412 m)

Nervenkitzel und schönster Aaregranit: Der Besuch der Gelmerhütte beginnt mit einer Mutprobe, der Fahrt mit der Gelmerbahn. Entlang des türkisblauen Sees ist Konzentration gefragt, beim anschliessenden Aufstieg beeindruckt der Diechterbach mit seinen Wasserfällen. Auf der Hüttenterrasse bestimmen die schroffen Spitzen der Gelmerhörner das Panorama. Wer mag, besucht die Schwemmebene unterhalb der Hütte oder steigt bei gutem Wetter auf die Moräne und geniesst die Aussicht. Beim Abstieg nach Kunzentännlein gibt es wiederum viele Heidelbeeren am Wegrand und zum Schluss sorgen See und Bach für Abkühlung.

Ausgangspunkt: Gelmersee (1850 m)

Anreise: Von Meiringen oder Oberwald mit dem Postauto bis Handegg, Gelmerbahn, fährt viermal täglich von Ende Juni bis Mitte Oktober. Anschliessend mit der Gelmerbahn hinauf zum Gelmersee (Ticketreservation in der Hochsaison empfohlen, mehr Infos auf www.grimselwelt.ch). Parkplätze gibt es bei der Talstation der Gelmerbahn.

Route: Von der Bergstation der Gelmerbahn geht es entlang der linken Seite des Gelmersees. Da der Weg stellenweise steil abfällt, sollten jüngere Kinder im Auge behalten oder an die Hand genommen werden. Anschliessend führt der Wanderweg entlang des Diechterbachs auf Treppenwegen hinauf zur Gelmerhütte.

Schwierigkeit	Zeit	Distanz	Höhenmeter
T2	2 Std.	3 km	↗ 580 m ↘ 25 m

Allgemeine Informationen

Kontakt
Peter Schläppi
Telefon 033 973 11 80
peter.schlaeppi@gelmerhuette.ch
www.gelmerhuette.ch

Bewartungszeiten
Juni bis Ende Oktober

Schlafplätze
55 Plätze, davon acht unter dem Dach

Koordinaten
2 669 240/1 164 840

Karte
1230 Guttannen

Preise
(Übernachtung und Halbpension)
SAC-Mitglieder
Erwachsene: CHF 65.–
Jugendliche (13 bis 22 Jahre): CHF 53.–
Kinder (bis 12 Jahre): CHF 43.–

Nichtmitglieder
Erwachsene: CHF 78.–
Jugendliche (13 bis 17 Jahre): CHF 55.–
Kinder (bis 12 Jahre): CHF 45.–

Besonderes
Willkommensgetränk,
Schwemmebene, Heidelbeeren

Die schroffen Gelmerhörner und der türkisblaue Gelmersee prägen das Panorama rund um die Gelmerhütte der Sektion Brugg.

Der Weg rund um den Gelmersee ist teilweise ausgesetzt, Kinder sollten beaufsichtigt werden.

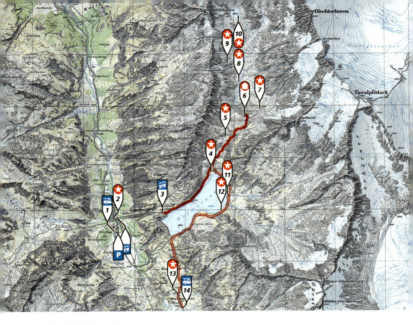

Sehen, Erleben, Staunen

1 Von der Postautohaltestelle Handegg sind es nur ein paar Meter bis zum Spielplatz hinter dem Hotel Handeck. Wer auf die nächste Bahn will: Trampolin und Co. können auch nach der Wanderung getestet werden.

2 Zur Talstation der Gelmerbahn nimmt man am besten den Wanderweg hinter dem Hotel Handeck, der zu einer luftigen Hängeseilbrücke führt. Ausgesetzt, aber ungefährlich! Am Brückenanfang ist unter Steinen ein Geocache versteckt.

3 Geradewegs hinauf: Die Gelmerbahn ist mit einer Steigung von maximal 106 % die steilste offene Standseilbahn Europas. Bei der Bergstation und rund um den Gelmersee sind wiederum mehrere Geocaches versteckt.

4 Bevor es auf Stufenwegen hinauf zur Hütte geht, empfiehlt sich eine Pause am See-Ende, beispielsweise auf einem der grossen, flachen Steine. Wer mag, setzt sich einfach in die Heidelbeeren neben dem Weg, die im August reif sind. Über allem liegt das kräftige Rauschen des Diechterbachs, der über Granitfelsen in die Tiefe stürzt (ca. 30 Min. ab Bergstation Gelmerbahn).

5 Siehst du die Tür im Fels rechts des Wasserfalls? Hier befindet sich das Kleinwasserkraftwerk, das den Strom für die Hütte produziert.

❻ Die felsige Umgebung der Gelmerhütte ist ein Paradies für Tiere: Rund um die Hütte kannst du Adler, Bergdohlen und Murmeltiere, Anfang Sommer oder abends mit etwas Glück auch Steinböcke beobachten. Vielleicht zeigt sich dir der Hüttenfuchs? Was es mit dem 1,5 Meter hohen Taburett auf sich hat: Wer darauf sitzt, befindet sich genau in der Mitte der Schweiz, also zwischen dem höchsten (Dufourspitze) und dem tiefsten Punkt (Lago Maggiore) auf 2413,5 Meter über Meer. Wer mag, sucht den Geocache unterhalb der Hütte. In der Hütte gibt es Spiele und Bücher, Kinderfinken sind vorhanden. Hunde können draussen oder im Winter-WC schlafen, Decke und Napf stehen zur Verfügung.

❼ Direkt hinter der Hütte ist eine grosse Gletschermoräne aus dem Jahre 1850. Am höchsten Punkt sieht man über den Gelmerhörnern die Berner und Walliser Viertausender. Für den Aufstieg benötigst du ca. 30 Minuten.

❽ Naturspielplatz für die ganze Familie: Die grosse Schwemmebene Obrist Diechterboden lädt ein zum Bächestauen, Steinmandlibauen, Sandspielen, Kraxeln etc. (ca. 15 Minuten von der Hütte entfernt).

❾ Die Klettergärten Geissnollen und Gipfelvorbau bieten gut abgesicherte Familienkletterrouten in den Schwierigkeitsgraden 3a bis 5c und sind von der Hütte in 45 beziehungsweise 60 Minuten zu erreichen. Es gibt auch mehrere Mehrseillängenrouten (Schwierigkeit 4b) in Hüttennähe. Infos und Topos auf www.gelmerhuette.ch.

❿ Alle, die noch weiter hinauf möchten, sollten das Ofenseeli besuchen: Der Gletschersee ist in rund einer Stunde und 30 Minuten auf Wegspuren (T2) erreichbar und ist wegen der roten Felsen des Ofenhorns besonders schön.

Variante

⓫ Zeit für eine Pause! Die Halbinsel Heubalm ist ein schöner Platz zum Verweilen. Das Fischen im Gelmersee (nur mit Patent erlaubt) gilt in Anglerkreisen als Geheimtipp (1 Std. 15 Min. von der Hütte entfernt).

⓬ Blaue Zungen und Finger inklusive: Rund um den Gelmersee und auf dem Wanderweg nach Kunzentännlein wachsen im August Heidelbeeren.

⓭ Wer traut sich, ein Bad im Stockseewli zu nehmen? Alternativ kann man im Bach am Weg Richtung Passstrasse die Füsse baden und dabei vielleicht Forellen beobachten. Oder du suchst den Geocache, der am östlichen Ufer des Stockseewli unter Felsen versteckt ist.

⓮ In Kunzentännlein kannst du entweder ins Postauto steigen oder auf dem Säumerpfad zurück in die Handegg wandern (Wanderzeit 45 Min.).

Gelmerhütte SAC (2412 m)

Variante
Abstieg entlang des östlichen Seeufers nach Kunzentännlein

Route: Auf dem Aufstiegsweg geht es hinab bis zur Wegverzweigung beim Undrists Diechter. Der Wanderweg führt entlang des Sees zur Halbinsel Heubalm und weiter zur Staumauer. Der Weg ist stellenweise ausgesetzt und mit Drahtseilen gesichert, jüngere Kinder sollten beaufsichtigt oder an die Hand genommen werden. Bei der Staumauer zweigt der Weg hinunter nach Kunzentännlein ab.

Schwierigkeit	Zeit	Distanz	Höhenmeter
T2+	2 Std. 30 Min.	5,6 km	↗ 80 m ↘ 890 m

Endpunkt: Kunzentännlein (1596 m)

Abreise: Die Postautolinie Meiringen–Oberwald verkehrt von Ende Juni bis Mitte Oktober viermal täglich (zu Fuss zurück in die Handegg 45 Min.).

Für den grossen Hunger: Die Rösti in der Gelmerhütte macht garantiert satt.

Luftig: Vom Hotel Handeck aus führt der Wanderweg über eine Hängeseilbrücke zur Gelmerbahn.

14. **Windegghütte** SAC (1887 m)

Mit der Triftbahn wird der Besuch der Windegghütte zu einem familientauglichen Ausflug. Für Spass und Nervenkitzel sorgen die Triftbrücke und der Kettelweg. Der schnellste Weg hinauf zur Hütte führt über den steilen Nordhang, wer es lieber gemütlich mag, nimmt den Familienwanderweg. Rund um die Hütte gibt es Platz zum Spielen, Steinmandlibauen sowie Wasser zum Stauen und Füssebaden. Zudem mehrere Klettergärten in allen Schwierigkeitsstufen und eine Tyrolienne – ein schöner Ort für grosse und kleine Entdecker.

Ausgangspunkt: Underi Trift (1357 m)

Anreise: Vom Bahnhof Meiringen oder Göschenen mit dem Postauto bis zur Haltestelle Nessental, Triftbahn. Fährt mehrmals am Tag von Meiringen, zweimal pro Tag von Göschenen (von Ende Juni bis Ende September). Die Triftbahn verkehrt von Anfang Juni bis Mitte Oktober. Ticketreservierung bei schönem Wetter empfohlen (www.grimselwelt.ch). Parkplätze gibts bei der Talstation.

Route: Von der Bergstation der Triftbahn über das Triftwasser und zu Bosslis Stein, wo der direkte Wanderweg zur Triftbrücke abzweigt. Über den steilen Nordhang geht es hinauf zur Windegghütte.

Schwierigkeit	Zeit	Distanz	Höhenmeter
T2	1 Std. 30 Min.	2 km	↗ 530 m ↘ 30 m

Allgemeine Informationen

Kontakt
Adrienne Thommen
Telefon 033 975 11 10
huettenwart@windegghuette.ch
www.windegghuette.ch

Bewartungszeiten
Anfang Juni bis Mitte Oktober

Schlafplätze
41 Plätze, davon ein Dreier- und ein Fünferzimmer

Koordinaten
2 669 550/1 171 940

Karte
1210 Innertkirchen

Preise
(Übernachtung und Halbpension)
SAC-Mitglieder
Erwachsene: CHF 63.–
Jugendliche (13 bis 22 Jahre): CHF 50.–
Kinder (6 bis 12 Jahre):   CHF 40.–

Nichtmitglieder
Erwachsene: CHF 78.–
Jugendliche (13 bis 17 Jahre): CHF 59.–
Kinder (6 bis 12 Jahre):   CHF 49.–

Kinder (bis 5 Jahre):   CHF 25.–

Besonderes
Triftbrücke, Chäsbrätel,
Geschenk für alle kleinen Besucher

Inmitten schöner Alpenflora und abgeschliffener Granitplatten gelegen: die Windegghütte der Sektion Bern.

Die Fahrt mit der Triftbahn ist einer von vielen Höhepunkten für Kinder.

Sehen, Erleben, Staunen

❶ An der Bergstation der Triftbahn geht es vorbei am Bistro mit verschiedenen Leckereien und grosser Terrasse hinunter zum Triftwasser. Wer weiss, wie viele Stufen es sind?

❷ Mäh! Im Sommer weiden hier Schafe. Zudem flitzen Murmeltiere über die steinigen Hänge.

❸ Verschiedene flache Blöcke am Wegrand laden zu einem Picknick ein (ca. 45 Min. ab Triftbahn).

❹ Lust auf eine Schatzsuche? Auf einem Steinrücken ist unter Felsbrocken ein Geocache versteckt.

❺ Die familiäre Windegghütte besteht aus mehreren kleinen Hütten. Im oberen, heimeligen Hüttli können 13 Personen übernachten. Auch ein Hund kann hier untergebracht werden. Ab und zu kommt ein Fuchs zu Besuch. Mit etwas Glück lassen sich Gämsen beobachten, auch ein Bartgeier wurde schon erspäht. Kinderfinken, Gesellschaftsspiele und Bücher stehen zur Verfügung. Hinter der Hütte befindet sich ein Bach zum Spielen.

❻ In Hüttennähe sind mehrere Tümpel, die zwar nicht zum Baden geeignet sind, an denen es sich aber schön spielen lässt. Ein Wanderweg führt zum grösseren Tümpel westlich der Hütte (ca. 10 Min.).

❼ Rund um die Hütte gibt es verschiedene Klettermöglichkeiten: 5 Minuten von der Hütte entfernt befindet sich der Sektor Schnupperfels. Die sechs Routen im Schwierigkeitsgrad 3a können im Toprope eingerichtet werden, eignen sich aber auch gut für das Vorstiegstraining. Hier befindet sich eine Tyrolienne, die nur unter Anleitung der Hüttenwartin oder eines Bergführers benutzt werden darf. Routen bis 5b gibt es in den Sektoren Steinmann, ca. 10 Minuten oberhalb der Hütte. Auch diese können teilweise im Toprope eingerichtet werden. Klettermaterial kann in der Hütte geliehen werden. Weitere Sektoren und alle Topos gibt es auf www.windegghuette.ch.

Varianten

❽ Die flachen, grossen Steine laden zu einer Pause ein (1 Std. 15 Min. ab Triftbahn). Wer nicht warten kann: Bis zur Brücke sind es nur noch wenige Schritte und an den Brückenköpfen kann ebenfalls gepicknickt werden – weniger einsam, aber mit schönem Ausblick.

❾ Mutige vor: Die Triftbrücke ist 170 Meter lang und damit eine der längsten Hängeseilbrücken der Alpen. Sie führt in 100 Meter Höhe über den Triftsee beziehungsweise das Triftwasser und bietet schwindelerregende Tiefblicke. Auf der anderen Seite angekommen, kannst du dich ins Brückenbuch eintragen. Entdeckst du die Windegghütte? Etwas weiter oberhalb ist ein Geocache in einer Felsspalte versteckt.

❿ Vom Aussichtspunkt mit dem grossen Steinmann siehst du den stark zurückgegangenen Triftgletscher.

Varianten
Aufstieg über Triftbrücke und Familienwanderweg
Route: Von der Bergstation der Triftbahn zu Bosslis Stein. Hier auf dem linken Wanderweg Richtung Trifthütte zur Triftbrücke. Einige Stellen unterwegs und an den Brückenköpfen sind ausgesetzt, jüngere Kinder sollten beaufsichtigt werden. Für die Weiterwanderung zur Windegghütte den Aufstiegsweg zurück und bei einer Weggabelung links auf dem Familienwanderweg zur Hütte aufsteigen.

Schwierigkeit	Zeit	Distanz	Höhenmeter
T2+	2 Std.	3,6 km	↗ 580 m ↘ 70 m

Aufstieg über den Ketteliweg zur Windegghütte
Route: Wie bei obiger Variante direkt zur Triftbrücke. Von hier teilweise steil und mit Seilen und Ketten gesichert über die Felsen des Windeggs hinauf zur Hütte. Dieser Weg eignet sich für ältere oder trittsichere Kinder.

Schwierigkeit	Zeit	Distanz	Höhenmeter
T3	2 Std.	3,6 km	↗ 590 m ↘ 90 m

Wenn der Gletscher schmilzt
Die erste Triftbrücke wurde 2004 nicht als Touristen- und Wandererattraktion gebaut, sondern aus einer Notwendigkeit heraus: Der Triftgletscher war in den Jahren davor so stark zurückgegangen, dass der Zustiegsweg zur Trifthütte, der ursprünglich über den Gletscher führte, nicht mehr möglich war. Der See, der sich gebildet hatte, wurde immer grösser und musste mühsam umrundet werden. Heute befindet sich die Gletscherzunge weit oben – kaum vorstellbar, dass sie noch vor 20 Jahren bis unter die heutige Brücke reichte. Der Triftgletscher zählt zu den Gletschern, die am rasantesten schmelzen. Warum das so ist, versucht die ETH Zürich herauszufinden: Sie hat verschiedene Messgeräte und eine Kamera installiert, um mehr über die Vorgänge im und um den Gletscher zu erfahren.

Spass für trittsichere Kinder (und Eltern): der Ketteliweg von der Triftbrücke zur Windegghütte.

Eine Hüttenwanderung, die auch mit jüngeren Kindern machbar ist: Mit dem Postauto geht es weit hinauf Richtung Nufenenpass, sodass bereits auf 2000 Meter gestartet werden kann. Von der Passstrasse führt der Wanderweg ins Val Corno zur modern umgebauten Capanna Corno-Gries, die sich inmitten eines schönen Naturspielplatzes befindet. Für die Rückwanderung empfiehlt sich der Aufstieg zum Cornopass, der grossartige Ausblicke auf Gletscher und Seen bietet. Wer mag, kann sogar noch einen kurzen Abstecher nach Italien unternehmen und die höchsten Windräder Europas bestaunen.

Ausgangspunkt: Cruina (2028 m)

Anreise: Mit dem Postauto Airolo–Oberwald bis zur Haltestelle Cruina. Verkehrt mehrmals täglich von Ende Juni bis Mitte Oktober. Hier gibt es auch Parkplätze.

Route: Von Cruina führt der Wanderweg durch Alpenrosen und Matten hinauf ins Val Corno zur Capanna Corno-Gries.

Schwierigkeit	Zeit	Distanz	Höhenmeter
T2	1 Std.	2 km	↗ 315 m ↘ 15 m

Allgemeine Informationen

Kontakt
Monica Stoppani
Telefon 091 869 11 29
info@corno-gries.ch
www.corno-gries.ch

Bewartungszeiten
Mitte Juni bis Mitte Oktober

Schlafplätze
48 Plätze, davon vier Viererzimmer
und zwei Sechserzimmer

Koordinaten
2 674 610 / 1 146 650

Karte
1251 Bedretto

Preise
(Übernachtung und Halbpension)
SAC-Mitglieder
Erwachsene: CHF 64.–
Jugendliche (15 bis 22 Jahre): CHF 53.–
Kinder (7 bis 14 Jahre): CHF 41.–

Nichtmitglieder
Erwachsene: CHF 74.–
Jugendliche (15 bis 17 Jahre): CHF 56.–
Kinder (7 bis 14 Jahre): CHF 44.–

Kinder (bis 6 Jahre): CHF 2.–
pro Altersjahr
Kinder (7 bis 14 Jahre)
in Begleitung der Eltern: CHF 35.–

Besonderes
Gratistrinkwasser, Kinderbett
und -stühle, Postkarte für jeden Gast

Schnell erreicht und viel Komfort: das «Alpenraumschiff», die Capanna Corno-Gries der Sektion Rossberg.

Ein grosszügiger Aufenthaltsraum und viele selbst gemachte Leckereien – was will man mehr?

Sehen, Erleben, Staunen

1 Über die Passstrasse und hinauf ins Val Corno: Der Strassenlärm wird bald leiser und das Abenteuer beginnt. Da das Bedrettotal für seinen Schneereichtum bekannt ist, kann man bis in den Juli immer wieder auf einzelne Schneefelder treffen. Bei der Überquerung ist Vorsicht geboten, jüngere Kinder sollten an die Hand genommen werden.

2 Wer sich den Aufstieg versüssen möchte: Ab August können Heidelbeeren am Wegrand gepflückt werden.

3 Hast du bereits ein Murmeltier entdeckt oder die schrillen Warnpfiffe der flinken Alpenbewohner gehört?

4 Rund um die Capanna Corno-Gries gibt es viel Platz zum Spielen: Das coupierte Gelände ist ideal für grosse und kleine Entdecker. Hinter der Hütte gibt es einen Steinmandlipark, neue Kunstwerke sind willkommen! In der Hütte findest du Gesellschaftsspiele, Bücher, Mal- und Spielsachen. Kinderfinken sind vorhanden. Hunde dürfen gerne übernachten, bitte vorher anmelden.

Variante

5 Hast du schon Kristalle entdeckt? Davon gibt es im Bedrettotal reichlich. Mineralienfans sei bei der An- oder Rückreise ein Besuch der Kristallgrotte in Cioss Prato (Postautohaltestelle Richtung Airolo) empfohlen. Hier gibt es auch ein Restaurant und einen Spielplatz. Mehr auf www.ciossprato.jimdo.com.

6 Auf dem (Weg Richtung) Cornopass weitet sich der Blick auf eine vom Eis geprägte Welt mit Gipfeln, Gletscher und Stausee, darüber das Blinnenhorn. Hier kommt man in den Kanton Wallis und trifft auf die Via Sbrinz, einen alten Säumerpfad, der von der Innerschweiz nach Domodossola führt.

7 Mit einem Bein in Italien: Vom Cornopass ist der Griespass in 15 Minuten erreicht. Der 2487 Meter hohe Pass bildet die Grenze nach Italien und bietet wiederum ein herrliches Panorama.

8 Picknickpause: Beim Mändeli kann man den Griessee und den höchstgelegenen Windpark Europas mit vier Windrädern bestaunen (ca. 1 Std. 15 Min. von der Hütte entfernt). Kurz vor Mändeli durchquert der Wanderweg eine karge Zone, die einer Mondlandschaft gleicht. Wenn man gut hinschaut, kann man mit etwas Glück kleine Kristalle finden. Der Name Gries (= Steine, Geröll) weist auf den Charakter dieser Landschaft hin.

9 Auf dem Wanderweg beim unteren Windrad ist ein Geocache versteckt. Auch kurz vor der Nufenenpassstrasse wirst du bei genauem Suchen unter Felsen fündig.

10 An der Nufenenpassstrasse angekommen, kann man entweder auf den Bus warten oder zur höchsten Passstrasse innerhalb der Schweiz aufsteigen (ca. 45 Min. Wanderzeit).

Variante
Über den Cornopass zurück zur Nufenenpassstrasse
Route: Der Wanderweg führt hinauf zum Cornopass, wo er rechts zum Mändeli abbiegt. Wer zum Griespass möchte, biegt links ab. Nach Mändeli geht es auf Schotterstrassen und zuletzt auf einer Teerstrasse zurück zum Nufenenpass.
Achtung: Der Wegabschnitt von Mändeli zum Nufenenpass war während der Recherche für dieses Buch wegen Steinschlag bis auf Weiteres gesperrt (Stand Herbst 2018). Bitte über die aktuelle Situation in der Hütte informieren.

Schwierigkeit	Zeit	Distanz	Höhenmeter
T2	2 Std. 15 Min.	5 km	↗ 290 m ↘ 320 m

Endpunkt: Griespass, Abzw. (2303 m)

Abreise: Mit dem Postauto nach Airolo oder Ulrichen beziehungsweise Oberwald, verkehrt mehrmals täglich.

Hinauf ins Val Corno: die ersten Meter auf dem Wanderweg bei der Alpe Cruina.

Vom Cornopass bietet sich ein schöner Ausblick auf Griessee und Griesgletscher.

16. **Capanna Cadlimo** CAS (2570 m)

Ein Sandstrandbesuch auf 2000 Meter: Unterwegs zur Capanna Cadlimo wandert man an sechs Bergseen vorbei, beim Lago di Tom gibt es weissen Sand und tiefblaues Wasser wie am Meer. Die Ritombahn, eine der steilsten Standseilbahnen Europas, bringt dich hinauf ins Naturschutzgebiet rund um die grösste Tessiner Alp. Bei der Hütte gibt es ebenfalls einen kleinen See und viele Steinböcke. Gut hinschauen lohnt sich: Die Region ist bekannt für ihre weissen Murmeltiere und fleischfressenden Pflanzen! Da der Zustieg lang ist, empfiehlt sich die Wanderung mit älteren oder ausdauernden Kindern.

Ausgangspunkt: Piora (1794 m)

Anreise: Vom Bahnhof Airolo mit dem Postauto nach Piotta. Zehn Minuten Fussmarsch zur Ritombahn. Diese fährt von Ende Mai bis Mitte Oktober nach Piora. Parkplätze gibt es bei der Staumauer (Piora) und beim Lago Cadagno. Zu diesem kann vor 9.00 und nach 17.00 Uhr gefahren werden. Wanderzeit ab Lago Cadagno zur Hütte: zwei Stunden und 30 Minuten.

Route: Von Piora zur Staumauer und entlang des Lago Ritom, bis der Weg zum Lago di Tom abzweigt. Über Stufen geht es auf teilweise steilem Weg zu weiteren Seen und hinauf zur Hütte.

Schwierigkeit	Zeit	Distanz	Höhenmeter
T2	3 Std. 30 Min. (3 Std. ab Staumauer)	8 km	↗ 790 m ↘ 20 m

Allgemeine Informationen

Kontakt
Heinz Tschümperlin
Telefon 091 869 18 33
info@cadlimohuette.ch
www.cadlimo.ch

Bewartungszeiten
Ende Juni bis Mitte Oktober

Schlafplätze
80 Plätze, davon fünf Viererzimmer und zwei Fünferlager

Koordinaten
2 696 330 / 1 158 590

Karten
1232 Oberalppass, 1252 Ambri-Piotta

Preise
(Übernachtung und Halbpension)
SAC-Mitglieder
Erwachsene: CHF 67.–
Jugendliche (9 bis 22 Jahre): CHF 48.–

Nichtmitglieder
Erwachsene: CHF 79.–
Jugendliche (9 bis 17 Jahre): CHF 54.–

Kinder (bis 8 Jahre): CHF 22.–

Besonderes
Hüttensee, Steinböcke, Fondue

Auf der Wasserscheide zwischen Mittelmeer und Nordsee: die Capanna Cadlimo der Sektion Uto.

Fast täglich statten Steinböcke der Hütte einen Besuch ab.

Sehen, Erleben, Staunen

1 Nervenkitzel garantiert: Die Ritombahn ist mit knapp 88 % Steigung eine der weltweit steilsten Standseilbahnen. In wenigen Minuten sind die 800 Höhenmeter bis zur Bergstation Piora überwunden.

2 Nach rund 25 Minuten Gehzeit erreicht man den Ritom-Staudamm und das Ristorante Lago Ritom. Hier beginnt ein ökologischer Lehrpfad, der den Lago Ritom entlang des südlichen Seeufers umrundet. Verschiedene Tafeln informieren über die Region, die Flora und Fauna (ca. 2 Std. Wanderzeit). Bei der Staumauer ist ein Geocache versteckt.

3 Mit Adlerblick unterwegs: Hast du bereits Murmeltiere oder Steinböcke zu Gesicht bekommen? Das Pioratal ist bekannt für seine weissen Murmeltiere (Albinos); zudem für seine Blumenvielfalt und fleischfressenden Pflanzen. Sei also vorsichtig …

4 Ein Abstecher zur Alpe di Piora beim Lago Cadagno lohnt sich: Hier werden in der Käserei Ricotta, Butter, Rahm und der berühmte Piora-Alpkäse produziert und verkauft. Auch das Zentrum für Alpine Biologie befindet sich hier. Der Lago Cadagno ist nämlich ein einmaliges Ökosystem: Er besteht aus zwei chemisch unterschiedlichen Wasserschichten (mehr auf www.cadagno.ch). Wanderzeit: ca. eine Stunde und 30 Minuten ab der Staumauer, 50 Minuten vom Lago di Tom.

5 Zeit für eine Pause am Sandstrand: Am Lago di Tom gibt es einen schönen Picknick-, Bade- und Spielplatz am Südende des Sees (Wanderzeit ca. 1 Std. 30 Min. ab Seilbahn). In den Piora-Bergseen darf auch gefischt werden. Patente sind im Tourismusbüro in Airolo oder bei der Gemeinde Quinto erhältlich.

6 Während sich die Erwachsenen in den Liegestühlen auf der Terrasse der Capanna Cadlimo ausruhen, können kleine Entdecker ein Bad im Hüttensee nehmen, Kristalle suchen, auf Felsen kraxeln oder slacklinen. Rund um die Hütte sind regelmässig Steinböcke zu Besuch. Auch Yaks lassen sich immer wieder mal blicken. In der Hütte gibt es Gesellschaftsspiele und Farbstifte. Kinderfinken sind vorhanden. Hunde können im Viererzimmer übernachten.

7 Rund 15 Minuten von der Hütte entfernt ist ein plattiger Toprope-Klettergarten mit sechs Routen zwischen 3+ und 5+ eingerichtet. Das Topo gibt es auf www.cadlimohuette.ch.

Mit Ligrettospielen vergeht die Zeit bis zum Abendessen im Nu.

17. **Capanna Campo Tencia** CAS (2140 m)

Die Capanna Campo Tencia ist bekannt für ihre gute Tessiner Küche – wer in den Genuss der Köstlichkeiten kommen möchte, die Hüttenwart Franco Demarchi zaubert, muss sich dies jedoch verdienen; knapp 1000 Höhenmeter sind es von Dalpe bis zur Hütte. Doch keine Sorge: Die abwechslungs- und gegen oben hin aussichtsreiche Landschaft sorgt für einen kurzweiligen Aufstieg. Naturlehrpfad, Bäche, Pilze, Klettergärten sowie Seen oberhalb der Hütte machen die Wanderung zu einem Erlebnis für Gross und Klein.

Ausgangspunkt: Dalpe (1192 m)

Anreise: Mit dem Postauto von Airolo oder Faido nach Dalpe, Villagio. Die Linien verkehren mehrmals täglich. Parkplätze gibt es in Dalpe oder Polpiano (1365 m).

Route: Von Dalpe den Schildern folgend nach Polpiano. Der Wanderweg führt über Wiesen, Weiden und durch Lärchenwälder, bevor es steiler hinauf zur Alpe di Croslina geht. Nach einer Bachüberquerung erfolgt der finale Anstieg zur Capanna Campo Tencia.

Schwierigkeit	Zeit	Distanz	Höhenmeter
T2	3 Std. (ab Dalpe)	7 km	↗ 980 m ↘ 30 m
T2	2 Std. 30 Min. (ab Polpiano)	5,5 km	↗ 790 m ↘ 20 m

Allgemeine Informationen

Kontakt
Franca und Franco Demarchi
Telefon 091 867 15 44
info@campotencia.ch
www.campotencia.ch

Bewartungszeiten
Mitte Juni bis Mitte Oktober

Schlafplätze
70 Plätze, davon zwei Vierer-
und ein Achterzimmer

Koordinaten
2 699 440/1 144 470

Karte
1272 Piz Campo Tencia

Preise
(Übernachtung und Halbpension)
SAC-Mitglieder
Erwachsene: CHF 61.–
Jugendliche (7 bis 22 Jahre): CHF 44.–

Nichtmitglieder
Erwachsene: CHF 72.–
Jugendliche (7 bis 17 Jahre): CHF 48.–

Kinder (bis 6 Jahre): CHF 10.–
Kinder (7 bis 14 Jahre)
in Begleitung der Eltern: CHF 35.–

Besonderes
Begrüssungstee oder -sirup
und Kekse, See, Klettergärten

1912 als erste Hütte im Tessin eingeweiht, 1977 neu erstellt: die Capanna Campo Tencia der Sektion Ticino.

Passionierter Koch: der langjährige Hüttenwart Franco Demarchi bei der Zubereitung eines Strudels.

Sehen, Erleben, Staunen

1 In Polpiano beginnt ein Naturlehrpfad, der in einem Rundkurs zur Capanna Campo Tencia und zurück nach Polpiano führt. Auf 15 Tafeln erfährt man Wissenswertes über die Tierwelt, Flora, Morphologie, Felsen, Nutzung der Alpen und Besonderheiten der Region. Die beschriebene Variante für den Abstieg folgt dem Naturlehrpfad. Wer noch frisches Wasser benötigt: Brunnen gibt es kurz vor Polpiano bei der Kapelle und bei den Hütten von Piumogna.

2 Bei der Alpe Piumogna werden Getränke, kalte Speisen sowie Butter, Milch und Käse verkauft. Wer mag, kann auf dem Hin- oder Rückweg die Schlaufe über Prati Géra wandern und hier eine Pause einlegen. Auch der Bach Piumogna befindet sich in der Nähe und sorgt bei Hitze für Abkühlung (rund 1 Std. ab Dalpe).

3 Wie in einem Märchenwald: Ein Haufen Moos und viele Wurzeln machen den Wald hier besonders schön. Unterwegs findest du immer wieder Heidelbeeren. Je nach Witterung wachsen hier Pilze – kannst du sie bestimmen?

4 Zeit für eine Pause? In der Nähe der Brücke befindet sich die Alp Sgnoi, die in den Sommermonaten mit Kühen bestossen wird; der Bach lädt zum Spielen ein (1 Std. 40 Min. ab Dalpe).

5 Sobald du die Baumgrenze überschritten hast, befindest du dich im Hochtal der Alpe di Croslina. Der Blick auf das Amphitheater rund um den Pizzo Campo Tencia und die vielen Bergbäche ist herrlich. Hier gibt es flache Steine für eine Pause (ca. 2 Std. 30 Min. von Dalpe entfernt). Wer eine Abkühlung braucht, wandert weiter bis zur Brücke beim Bach. Hast du die Hütte bereits gesehen?

6 In Hüttennähe gibt es mehrere Klettermöglichkeiten für Anfänger und Fortgeschrittene. Beispielsweise befindet sich neben einem Wasserfall, ca. 10 Minuten unterhalb der Hütte, ein Klettergarten mit sechs Routen für Kinder. Topos sind in der Hütte erhältlich, Klettermaterial kann geliehen werden.

7 Rund um die Capanna Campo Tencia, die sich inmitten schöner Bergflora und leckerer Heidelbeeren befindet, gibt es für Kinder viele Spielmöglichkeiten: In den Tümpeln oberhalb der Hütte (10 Min. Fussmarsch Richtung Lago di Morghirolo) kann man Kaulquappen und Bergmolche suchen, neben Murmeltieren kannst du mit etwas Glück Steinböcke, Gämsen und Adler beobachten. Auf der Terrasse befindet sich ein Brunnen. In der Hütte gibt es Gesellschaftsspiele, Malsachen und eine Bibliothek. Franco Demarchi ist seit 23 Jahren Hüttenwart auf der Capanna Campo Tencia und verwöhnt seine Gäste mit selbst gemachten Spezialitäten, beispielsweise Gnocchi mit Bärlauch. Die Lagerplätze unter dem Dach sind dreistöckig, Kinderfinken sind vorhanden. Hunde können im Schuhraum schlafen.

8 Rund 40 Minuten von der Hütte entfernt liegt der schöne Lago di Morghirolo. Die vielen Felsblöcke am Ufer lassen Kraxlerherzen höherschlagen. Mutige werfen sich ins kühle Nass.

Variante

9 Noch einmal die Aussicht geniessen: Von Pitela hast du einen schönen Blick auf den Pizzo Campo Tencia, den höchsten Berg, der komplett auf Tessiner Boden steht. Hier bist du wieder auf dem Lehrpfad unterwegs, der über Besonderheiten der Region informiert (ca. 35 Min. von der Hütte entfernt).

10 Entlang des Weiterweges findest du immer wieder Heidelbeeren am Wegrand. Kurz vor der Alpe Morghirolo, wo im Sommer Kühe weiden, kommst du durch ein sumpfiges Gebiet mit einem schön mäandernden Bach (1 Std. von der Hütte entfernt).

Variante
Über die Alpe Morghirolo zurück nach Dalpe
Route: Von der Capanna Campo Tencia geht es auf gut markiertem, aber schmalem Weg hinab nach Piano di Lei, anschliessend steigt der Weg, überwindet den felsigen Rücken von Pitela und führt steil und ein wenig ausgesetzt hinab zur Alpe Morghirolo. Im Wald zweigt der Weg nach rechts ab und führt hinab zur Alp Sgnoi, wo der Aufstiegsweg erreicht wird.

Schwierigkeit	Zeit	Distanz	Höhenmeter
T2	2 Std. 50 Min.	8,8 km	↗ 140 m ↘ 1085 m

Tafeln informieren unterwegs über die Besonderheiten der Region.

Kennst du diese Pilze?

Nachfolgend sind einige typische Pilze abgebildet, die nach feuchter Witterung im Sommer und vor allem im Herbst im Wald wachsen, viele davon auch entlang von Hüttenwegen. Welche Pilze kennst du? Weisst du, ob sie essbar sind?
Die Lösung findest du unten.

18. **Capanna Monte Bar** (1602 m)

Die 2016 als Ersatzbau erstellte Sektionshütte ist eine der südlichsten Hütten im Tessin und punktet mit ihrer speziellen Architektur. Der Aufstieg führt durch Kastanienwälder und über Alpgelände mit vielen Tieren und kann auch von jüngeren Kindern gemeistert werden. Da zudem eine Alpstrasse hinaufführt, ist die Capanna Monte Bar bei Mountainbikern sehr beliebt. Die Hütte ist grosszügig und modern gebaut und bekannt für ihre Tessiner Spezialitäten. Wer noch höher hinaus will, dem sei die Besteigung des Monte Bar empfohlen: Der Aufstieg ist schnell geschafft, vom Gipfel reicht die Aussicht bei gutem Wetter bis nach Mailand.

Ausgangspunkt: Corticiasca (1010 m)

Anreise: Von Lugano mit dem Postauto über Tesserete nach Corticiasca, Haltestelle Paese. Verkehrt mehrmals täglich. Im Dorf bestehen beschränkte Parkmöglichkeiten.

Route: Von der Hauptstrasse geht es hoch durchs Dorf, anschliessend führt ein Wanderweg durch Kastanienwälder und über Alpwiesen hinauf zur Capanna Monte Bar.

Schwierigkeit	Zeit	Distanz	Höhenmeter
T2	1 Std. 45 Min.	2,8 km	↗ 600 m

Allgemeine Informationen

Kontakt
Alessandro Müller und Jvan Cattaneo
Telefon 091 966 33 22
info@capannamontebar.ch
www.capannamontebar.ch

Bewartungszeiten
Anfang Mai bis Ende Oktober

Schlafplätze
42 Plätze, davon sechs Viererzimmer
und zwei Sechserzimmer

Koordinaten
2 721 800/1 106 610

Karte
1333 Tesserete

**Preise
(Übernachtung und Halbpension)**
SAC-Mitglieder
Erwachsene: CHF 65.–
Jugendliche (7 bis 22 Jahre): CHF 50.–

Nichtmitglieder
Erwachsene: CHF 75.–
Jugendliche (7 bis 17 Jahre): CHF 55.–

Kinder (bis 6 Jahre): CHF 15.–

Besonderes
Wickeltisch, Hochstuhl,
Gratistrinkwasser, Rabatt auf
Übernachtung für Familien ab
vier Personen

Moderner Bau hoch über Lugano: die Capanna Monte Bar der Sektion Ticino.

In der Hütte gibt es viel Platz zum Spielen und Verweilen, wenn draussen der Nebel wabert.

Rund um die Capanna Monte Bar weiden Ziegen.

Sehen, Erleben, Staunen

① Hast du die Denti della vecchia bereits entdeckt? Die Zähne der alten Wetterhexe sind bekannte Kletterfelsen im Val Colla. Wer sich dafür interessiert, wie die Zähne zu ihrem Namen kamen, findet die Geschichte auf www.wandern.ch.

② Unterwegs begegnest du wahrscheinlich Kühen, vielleicht auch Schafen und Herdenschutzhunden sowie Pferden, die an den Grashängen Richtung Monte Bar weiden. Hast du bereits Heuschrecken und Eidechsen gesehen?

③ Hier, weiter oberhalb bei der Steingruppe sowie in der ganzen Region findet man bei genauem Hinsehen bearbeitete Steinblöcke oder Felsoberflächen, die Vertiefungen in Form von Schalen sowie Gravierungen wie Rinnen, Kreuze, Initialen und Jahrzahlen aufweisen. Bei den Schalen handelt es sich zum Teil um natürliche Erosionserscheinungen, zum Teil wurden sie von Menschen Ende des Mittelalters und in der Neuzeit geschaffen. Man vermutet, dass es sich um Markierungszeichen von Hirten handelt. Solche Schalensteine sind in ganz Europa zu finden. Mit etwas Glück entdeckst du vielleicht eines der Steindenkmäler. Mehr Infos gibt es auf www.ssdi.ch.

④ Bei der Alpe Musgatina halten sich in den Sommermonaten viele Tiere auf: Hühner, Esel, Pferde und Schottische Hochlandrinder werden hier gesömmert (1 Std. ab Corticiasca). Bei der Alp gibt es einen Brunnen, ein weiterer befindet sich in der nächsten Linkskurve des Wanderweges.

⑤ Zur Capanna Monte Bar, die sich erst gegen Ende der Wanderung zeigt, führt eine kleine Leiter oder ein Tor. Ohne Zaun würden sich die Geissen, die rund um die Hütte weiden, wohl im Gemüsegarten der Hüttenwarte oder auf der Terrasse aufhalten. Die Hütte besticht durch ihre spezielle Architektur: Ein Kubus aus Holz, Beton, Stein, Metall und Glas mit riesigen Panoramafenstern, grosszügigen Schlafräumen und vielen durchdachten Details. Unterhalb der Hütte wachsen im Frühling Narzissen und Enziane, später Alpenrosen. Wer mag, schnappt sich einen der Liegestühle und geniesst die Aussicht auf Lugano. Mit etwas Glück kannst du Wildkaninchen, Fuchs, Dachs, Adler, Bartgeier, Gämse, Hirsch oder eine Schlange beobachten. In der Hütte gibt es Gratistrinkwasser in Selbstbedienung. Viele Gesellschaftsspiele und Malsachen verkürzen die Zeit bis zum Abendessen. Kinderfinken sind einige vorhanden. Für Hunde gibt es eine Box unter der Terrasse.

Gipfelziel

⑥ Der grasige Gipfel des Monte Bar (1816 m) ist in rund 40 Minuten erreicht und bietet bei gutem Wetter einen herrlichen Rundblick. Siehst du die Schneegipfel des Monte-Rosa-Massivs und der Mischabelgruppe im Osten? Bei guter Fernsicht reicht der Blick sogar bis Mailand. Am und um den Gipfel weiden oft Ziegen.

Capanna Monte Bar (1602 m)

Gipfelziel
Monte Bar (1816 m)
Route: Von der Capanna Monte Bar geht es über den grasigen Rücken auf einfachem Weg hinauf zum Gipfel mit der Antenne.

Schwierigkeit	Zeit	Distanz	Höhenmeter
T2	40 Min.	1 km	↗ 215 m

Wunderbares Panorama vom Gipfel des Monte Bar – besonders schön bei Sonnenaufgang!

Unterwegs zur Alpe Musgatina, vorbei an einer Felsgruppe, bei der man auf Schalensteine stossen kann.

Der Leiterliweg hält, was der Name verspricht: Auf dem direkten Weg zur Sustlihütte helfen vier Leitern über Felsstufen hinweg – ein besonderer Spass für Kinder! Die Hütte ist im Nu erreicht und es bleibt viel Zeit, die Umgebung zu erkunden. Hollywoodschaukel, Tyrolienne, Slackline, Outdoor-Mühlespiel, Seen, Klettergärten und ein grosser Naturspielplatz stehen zur Verfügung, um sich auszutoben. Währenddessen geniessen die Erwachsenen das Panorama auf der Hüttenterrasse bei einem Stück selbst gemachtem Kuchen.

Ausgangspunkt: Sustenbrüggli (1907 m)

Anreise: Mit dem Postauto von Göschenen oder Meiringen auf der Sustenpasslinie zur Haltestelle Meien, Sustenbrüggli. Verkehrt von Ende Juni bis Mitte Oktober zweimal täglich. Parkplätze stehen 150 Meter talauswärts Richtung Meien beim Werkhof zur Verfügung.

Route: Beim Restaurant Sustenbrüggli zweigt nach ein paar Metern rechts der Leiterliweg ab. Alternativ kann vom Parkplatz gestartet werden. Der Wanderweg führt über den steilen Rücken links der Transportseilbahn hoch. Über Geländestufen helfen vier Leitern hinweg, ein Handlauf vereinfacht die steilste Stelle. Erwachsene sollten auf den Leitern hinter jüngeren Kindern gehen.

Schwierigkeit	Zeit	Distanz	Höhenmeter
T3	1 Std. 15 Min.	1,1 km	↗ 350 m ↘ 10 m

Allgemeine Informationen

Kontakt
Agi und Kari Stadler
Telefon 041 885 17 57
info@sustlihuette.ch
www.sustlihuette.ch

Bewartungszeiten
Anfang Juni bis Mitte Oktober

Schlafplätze
69 Plätze in fünf Schlafräumen

Koordinaten
2 678 865 / 1 178 344

Karte
1211 Meiental

Preise
(Übernachtung und Halbpension)
SAC-Mitglieder
Erwachsene: CHF 59.–
Jugendliche (10 bis 22 Jahre): CHF 48.–

Nichtmitglieder
Erwachsene: CHF 71.–
Jugendliche (10 bis 17 Jahre): CHF 51.–

Kinder (7 bis 9 Jahre): CHF 39.–
Kinder (4 bis 6 Jahre): CHF 28.–
Kinder (bis 3 Jahre): CHF 21.–

Besonderes
Hollywoodschaukel, Slackline, grosser Fotorahmen, Hüttenkatze

Susten- und Gwächtenhorn dominieren den Ausblick von der Sustlihütte der Sektion Rossberg.

Für schwindelfreie Kinder und Eltern ein Erlebnis: der Leiterliweg.

Sehen, Erleben, Staunen

❶ Der Leiterliweg führt steil hinauf – wer eine Verschnaufpause braucht, hat unterwegs mehrere Möglichkeiten: nach 25 Minuten beim grossen Stein …

❷ … oder nach 55 Minuten beim Mast der Seilbahn, wo mehrere Teiche zu finden sind. Entlang des Wegs wachsen immer wieder Heidelbeersträucher.

❸ Die Umgebung der Sustlihütte lässt sich gefahrlos erkunden; Hollywoodschaukel, Slackline und unzählige Felsblöcke sorgen für Spass. Hast du das steinerne Mühlespiel auf der Terrasse bereits entdeckt? In der Nähe der Hütte ist ein Geocache versteckt. Mit etwas Glück kannst du Adler, Bartgeier, Murmeltiere oder Gämsen beobachten. Ziemlich sicher entdeckst du Schafe – 500 Stück gehen im Sommer rund um die Hütte zur Alp. Und vielleicht ja auch einen Bären? Im April 2018 lief einer an der Hütte vorbei und hinterliess imposante Tatzenabdrücke im Schnee. In der Hütte erwarten dich Spiele und Malsachen, die Hüttenkatze Bijou sowie ein gemütlicher Kachelofen. Es gibt einen kleinen Kristallverkauf. Hüttenfinken sind vorhanden. Hunde können nach Absprache im Schuhraum übernachten.

❹ Ein paar Minuten oberhalb der Hütte befindet sich ein grosser Fotorahmen, noch ein paar Schritte weiter ist eine Tyrolienne eingerichtet. Die Benutzung ist nur mit Erfahrung möglich und erfolgt auf eigene Gefahr. Material kann beim Hüttenwart geliehen werden. Alternativ kannst du auch auf die Suche nach dem Geocache gehen, der etwas weiter oben beim Wanderweg Richtung Trotzigplangstock unter einem grossen Stein versteckt ist.

⑤ Nach 20-minütiger Wanderung erreichst du zwei kleine Seen, die zwar wegen ihrer Flachheit nicht unbedingt zum Baden einladen, aber allemal für eine Erfrischung sorgen. In der Umgebung liegen Felsbrocken zum Kraxeln und Verstecken, manchmal kann man hier Steinböcke sehen.

⑥ In der Nähe des Sees gibt es die Kinderklettergärten Hinkelstein und Spongebob. Spongebob befindet sich direkt beim See, Hinkelstein ca. 80 Meter nördlich davon. Die etwa 18 Meter langen Routen liegen im 3. bis maximal 4. Schwierigkeitsgrad und können sowohl im Toprope als auch im Vorstieg geklettert werden. Die Umgebung ist ideal zum Spielen.

⑦ Die Klettergärten Seeli A und B bieten 25 Meter lange, sehr gut eingerichtete Routen zwischen dem 4. und 5. Schwierigkeitsgrad und empfehlen sich für ältere Kinder (25 Min. von der Hütte entfernt). Klettermaterial kann in der Hütte geliehen werden. Topos gibt es auf www.sustlihuette.ch.

Variante

⑧ In einer Linkskurve befindet sich eine Bank, die zu einer Pause einlädt (20 Min. von der Hütte entfernt).

⑨ Spätestens am Sustlibach solltest du eine Pause machen: Das Wasser ist zwar kühl, Spielen, Stauen und Klettern machen in dieser herrlichen Umgebung aber sehr viel Spass. An den Blöcken kann gebouldert werden (50 Min. von der Hütte entfernt).

Variante
Über Chli Sustli zurück zum Sustenbrüggli
Route: Der Abstiegsweg führt in westliche Richtung teilweise steil und über stufiges Gelände in den Talkessel des Sustlibaches und zum Restaurant Sustenbrüggli an der Passstrasse.

Schwierigkeit	Zeit	Distanz	Höhenmeter
T2	1 Std.	1,5 km	↗ 15 m ↘ 360 m

Slacklinen – kinderleicht, oder?

Slacklines gibt es mittlerweile in vielen Parks, auf Spielplätzen und auch bei einigen SAC-Hütten. Wer die ersten Schritte auf dem schaukelnden und schmalen Band geschafft hat, wird oft vom Slacker-Virus befallen und probiert es immer wieder – vielleicht schaffe ich dieses Mal fünf Schritte am Stück oder sogar ganz hinüber? Das Gehen auf der Slackline macht nicht nur Spass, Kinder verbessern damit spielerisch ihre Koordination und lernen, die Balance zu halten.

Zu Beginn sollten Kinder auf der Slackline immer begleitet werden. Das parallele Mitgehen neben dem Kind, damit es sich an der Schulter oder der Hand festhalten kann, gibt ihm Sicherheit und fördert den Spass am Lernen. Wichtig ist, dass im Nahbereich der Line keine Gegenstände und grossen Steine liegen, und die Line nicht zu hoch gespannt ist, damit Kinder stets sicher absteigen können.

Hier ein paar Tipps für Anfänger:
– Am besten barfuss auf die Slackline.
– Den Blick nach vorne auf einen Punkt richten, der sich nicht bewegt.
– Den Fuss gerade aufsetzen, die Zehenspitzen zeigen nach vorne.
– Der Körper ist aufrecht, leicht in die Knie gehen.
– Zunächst nur versuchen, auf dem Band zu stehen (5 bis 10 Sekunden).
– Wenn dies klappt, die ersten Schritte probieren.
Die wichtigste Regel aber ist: Spass haben!

Bei den ersten Schritten auf der Slackline helfen ein Arm oder eine Schulter zum Festhalten.

Nicht alltäglich: das steinerne Mühlespiel auf der Hüttenterrasse.

20. **Rugghubelhütte** SAC (2290 m)

Im Brunni- und Rugghubelgebiet oberhalb von Engelberg haben Kinder und Erwachsene die Qual der Wahl: Rund um die Bergbahnstationen und entlang der Wanderwege gibt es eine Vielzahl Spiel-, Bade- und Einkehrmöglichkeiten. Wen es in die Vertikale zieht, der kann in der Nähe der Brunnihütte klettern gehen, wer sich für Fossilien interessiert, findet bei der Rugghubelhütte vielleicht Versteinerungen im Karst. Bergromantik geniesst man in der Abenddämmerung auf dem Rugghubel. Und alle, die am zweiten Tag immer noch nicht genug haben, können sich auf Globis Schatzsuche begeben.

Ausgangspunkt: Brunni (1866 m)

Anreise: Vom Bahnhof Engelberg mit dem Bus oder in zehnminütigem Marsch zu den Brunni-Bahnen. Mit der Luftseilbahn nach Ristis, weiter mit dem Sessellift nach Brunni. Durchgehender Betrieb von Anfang Mai bis Mitte November. Kinder bis 16 Jahre fahren in Begleitung eines Erwachsenen gratis. Parkplätze gibt es bei der Talstation.

Route: Von Brunni geht es auf einem Panoramaweg zunächst in leichtem Auf und Ab vorbei am Teufelstein zur Planggenalp. Anschliessend führt der Weg etwas steiler zur Rugghubelhütte hinauf.

Schwierigkeit	Zeit	Distanz	Höhenmeter
T2	2 Std.	5 km	↗ 520 m ↘ 90 m

Allgemeine Informationen

Kontakt
Chrigel Menon
Telefon 041 637 20 64
info@rugghubel.ch
www.rugghubel.ch

Bewartungszeiten
Anfang Juni bis Ende Oktober

Schlafplätze
94 Plätze, davon zwei Zweier-,
zwei Fünfer- und ein Sechserzimmer

Koordinaten
2 678 111/1 188 848

Karte
1191 Engelberg

Preise
(Übernachtung und Halbpension)
SAC-Mitglieder
Erwachsene: CHF 60.–
Jugendliche (18 bis 22 Jahre): CHF 50.–
Kinder (7 bis 17 Jahre): CHF 46.–

Nichtmitglieder
Erwachsene: CHF 71.–
Jugendliche (7 bis 17 Jahre): CHF 49.–
Kinder (bis 6 Jahre): CHF 25.–

Besonderes
Malwettbewerb für Kinder,
Hüttenkatzen

Logenplatz für schöne Sonnenuntergänge: die Rugghubelhütte der Sektion Titlis.

Die Hüttenkatzen sind bei den kleinen Gästen besonders beliebt.

Sehen, Erleben, Staunen

❶ Gleich neben der Bergstation des Sessellifts auf Brunni kannst du Schuhe und Strümpfe ausziehen und auf dem Kitzelpfad rund um den Härzlisee wandern. Auf wie vielen unterschiedlichen «Böden» läufst du?

❷ Die Brunnihütte bietet wunderbare Ausblicke, Speis, Trank und Übernachtungsmöglichkeit sowie einen Sandkasten auf der Terrasse. In der Hütte stehen Spiele, Bauklötze und Bücher bereit, für die Kleinsten ein Wickeltisch und Hochstühle. Auf Anfrage wird Maultiertrekking zur Rugghubelhütte angeboten.

❸ In der Nähe der Bahnstation gibt es einen gut ausgerüsteten Klettergarten mit zehn Routen zwischen 4a und 5c (5 Min. ab Bergstation Brunni). Am Brunnistöckli und Rigidalstock sind zudem mehrere Klettersteige für Einsteiger und Könner eingerichtet (Zustieg zwischen 5 und 90 Min.). Klettermaterial kann bei der Kräuterhütte am Härzlisee gemietet werden. Topos und Infos auf www.brunni.ch.

❹ Entlang des Weges weisen immer wieder kleine Schilder auf die Pflanzenvielfalt des Brunnigebietes hin, zudem informiert der Naturlehrpfad Brunni über die Wechselwirkung von Mensch und Natur im Gebirge. Der Lehrpfad führt von Ristis zur Brunnihütte und in einer Rundtour zurück nach Ristis.

❺ Beim magischen Loch ist ein Geocache in einer Felsspalte versteckt – findest du ihn? Weitere Caches gibt es nach der Planggenalp und bei der Rugghubelhütte.

6 Hast du den Teufel auf dem Felsblock entdeckt? Zum Tüfelstein gibt es eine Sage. Wenn du mehr wissen willst, frag am besten in der Rugghubelhütte beim Hüttenwart nach!

7 Der Bach bei der Planggenalp bietet sich für eine Rast und eine Abkühlung an (1 Std. ab Brunni).

8 Das Nonnen-Seeli ist zwar zu klein zum Baden, aber ein schöner Platz zum Sitzen, bevor es die letzten Meter zur Hütte hinauf geht.

9 Von der Rugghubelhütte geniesst man eine herrliche Aussicht auf Titlis und Wendenstöcke und wunderschöne Sonnenuntergänge. Rund um die Hütte ist das Gelände flach, es gibt viele Murmeltiere und Gämsen. In der nicht weit entfernten Karstlandschaft kann gekraxelt und nach Fossilien wie beispielsweise Ammoniten gesucht werden. In der Hütte gibt es drei Hüttenkatzen, einen Spieleschrank, Malsachen und Kinderfinken. Nach Möglichkeit kochen die Hüttenwarte angepasste Kindermenüs.

Variante

10 Nach dem Abzweiger bist du bis Ristis wieder auf dem Brunni-Naturlehrpfad unterwegs.

11 Das Älplerbeizli Rigidal bietet sich für eine kurze Pause an, vielleicht zieht es aber einige von euch weiter zum Kinderparadies auf Ristis …

12 …denn bei der Bahnstation Ristis wartet ein grosser Spielplatz mit Trampolin, Klettergerüsten, Rutschbahnen und vielem mehr. Zudem gibt es eine Sommerrodelbahn, diverse Feuerstellen und ein Restaurant. Auf Ristis beginnt Globis Schatzsuche, bei der Schatztruhen mit Hinweisen entlang des Weges nach Brunni versteckt sind. Die Schatzsuche kann auch in umgekehrter Richtung gemacht werden. Bei schönem Wetter ist Globi im Sommer am Mittwoch, Samstag und Sonntag um 13.30 Uhr rund um Ristis anzutreffen.

Rugghubelhütte SAC (2290 m)

Variante
Abstieg über Rigidal nach Ristis
Route: Zunächst dem Aufstiegsweg folgen, bis der Weg bei Holzstein nach Rigidal abzweigt. Von hier auf einer Alpstrasse hinunter zur Bergstation Ristis.

Schwierigkeit	Zeit	Distanz	Höhenmeter
T2	1 Std. 45 Min.	5,3 km	↗ 10 m ↘ 700 m

Endpunkt: Ristis (1599 m)

Abreise: Mit der Luftseilbahn nach Engelberg, zu Fuss oder mit dem Bus zum Bahnhof.

Die Brunnihütte direkt bei der Sesselbahn bietet Bade- und Klettermöglichkeiten.

In der Karstlandschaft in der Nähe der Rugghubelhütte lassen sich Versteinerungen entdecken, wie hier dieser Ammonit.

Wie kommen Muscheln auf den Berg?

Rund um die Rugghubelhütte kannst du Fossilien finden. Das sind die versteinerten Überreste von Pflanzen oder Tieren, die nach ihrem Tod unter Gesteinsschichten begraben wurden. Die Abdrücke von Schalen oder Knochen sind ins Gestein gepresst und daher heute noch zu sehen. Doch wie kommen Muscheln und Ammoniten, also Meerestiere, die vor Millionen Jahren ausgestorben sind, auf den Berg?

Wo heute die Alpen sind, war vor Jahrmillionen ein Meer. Die Überreste der Tiere lagerten sich nach deren Tod auf dem Meeresgrund ab und wurden im Lauf von vielen Millionen Jahren mit immer neuen, abgelagerten Schichten zu hartem Sedimentgestein gepresst. Die Alpen entstanden vor ca. 100 Millionen Jahren, als die nordafrikanische und die eurasische Platte aufeinandertrafen und sich auffalteten. Die Kalkschichten des ehemaligen Meeres bilden heute die nördlichen und südlichen Kalkalpen. Schrattenkalk ist reich an Fossilien und ist entlang des gesamten Schweizer Nordalpenbogens immer wieder anzutreffen, besonders häufig im Entlebuch und in der Region Luzern.

21. **Bergseehütte** SAC (2370 m)

Rund um die Bergseehütte gibt es eine Vielzahl Klettermöglichkeiten für Familien in bestem Granit: Klettergarten, Mehrseillängen und Klettersteige bieten Spass für Anfänger und Könner. Magischer Anziehungspunkt für Gross und Klein ist der Bergsee unterhalb der Hütte – ein Bad ist im Hochsommer herrlich erfrischend. Wer mag, kann eine Kristall-Schatzsuche rund um den See unternehmen und darf bei Erfolg ein Erinnerungsstück mit nach Hause nehmen. Für den Rückweg am nächsten Tag empfiehlt sich die Umrundung des Göscheneralpsees, bei der du am Gletschervorfeld des Dammagletschers vorbeikommst.

Ausgangspunkt: Göscheneralp, Dammagletscher (1782 m)

Anreise: Mit dem Postauto vom Bahnhof Göschenen nach Göscheneralp, Dammagletscher. Fährt sechsmal täglich von Ende Juni bis Mitte Oktober, Reservierung unter Telefon 079 343 01 09 mindestens zwei Stunden vor Abfahrt zwingend erforderlich. Parkplätze gibt es bei der Bushaltestelle.

Route: Vom Restaurant Dammagletscher führt der Wanderweg über ein Hochmoor zu einer Alphütte. Ab hier geht es in Serpentinen und über viele Stufen hoch zum Kreuz und nach einem weiteren kurzen Aufstieg zur Bergseehütte.

Schwierigkeit	Zeit	Distanz	Höhenmeter
T2	2 Std.	3 km	↗ 600 m ↘ 10 m

Allgemeine Informationen

Kontakt
Toni Fullin
Telefon 041 885 14 35
huettenwart@bergsee.ch
www.sac-angenstein.ch/huetten/
bergseehuette

Bewartungszeiten
Anfang Juni bis Ende Oktober

Schlafplätze
65 Plätze, davon zwei Sechser- und zwei Achterzimmer

Koordinaten
2 680 082 / 1 167 886

Karte
1231 Urseren

Preise
(Übernachtung und Halbpension)
SAC-Mitglieder
Erwachsene: CHF 63.–
Jugendliche (12 bis 22 Jahre): CHF 55.–

Nichtmitglieder
Erwachsene: CHF 75.–
Jugendliche (12 bis 17 Jahre): CHF 60.–

Kinder (8 bis 11 Jahre): CHF 39.–
Kinder (4 bis 7 Jahre): CHF 27.–
Kinder (bis 3 Jahre): CHF 8.–

Besonderes
Schaukel, Slackline, Bergsee, Kristall-Schatzsuche, Familienklettersteige und -klettergärten

Auf einer Aussichtskanzel hoch über dem Göscheneralpsee: die Bergseehütte der Sektion Angenstein.

Der wunderschöne Bergsee lädt zum Baden, Kraxeln und Steinmandlibauen ein.

Sehen, Erleben, Staunen

1 Beim Restaurant Dammagletscher befindest du dich kurz unterhalb des Stausees, dieser ist auf der Teerstrasse in wenigen Minuten erreicht. Im Kiosk gibt es Mitbringsel aus der Region, auch die Audioguides für die Seeumrundung (Variante zweiter Tag) können hier geliehen werden. Unterhalb des Kiosks befindet sich ein Spielplatz.

2 Nach rund 30 Minuten erreichst du mehrere kleine Seen in einem Hochmoor. Diese sind entstanden, weil hier früher Torf gestochen wurde. Der Torf diente der lokalen Bevölkerung als Brennmaterial, da Holz knapp war. Hier und auf dem Weiterweg findest du immer wieder Heidelbeeren. Als Pausenplatz bietet sich ein grosser Felsblock kurz vor der Alphütte an (40 Min. ab Göscheneralp).

3 Im oberen Drittel des Wanderwegs zweigt links eine blau-weiss markierte Variante ab, die direkt zur Bergseehütte führt. Der Weg ist schmal und steil, auf halber Strecke befindet sich eine kurze, gesicherte Stelle (T4). Für ältere oder trittsichere Kinder eine spannende Variante zum Normalweg.

4 Eine Möglichkeit, die Hütte noch direkter und luftiger zu erreichen, ist der 2018 erstellte Klettersteig, der im oberen Drittel der T4-Variante beginnt. Er führt über teilweise senkrechte Platten und ist mit Drahtseilen und Bügeln gesichert. Für die Begehung sind eine komplette Klettersteigausrüstung sowie Erfahrung nötig. Klettersteigset, Gurt, Seil und Helm können in der Bergseehütte geliehen werden, Hüttenwart Toni Fullin gibt auf Anfrage Einführungskurse.

5 Die Bergseehütte liegt auf einer Aussichtskanzel und bietet einen herrlichen Blick auf den Dammagletscher (siehst du die Dammahütte SAC auf dem Felssporn vis-à-vis?), hinter der Hütte ragen die gewaltigen Granitspitzen des Bergseeschijen in den Himmel. Zu tun gibt es hier eine Menge: Bei der Hütte warten eine Schaukel und eine Slackline, für Abkühlung sorgt ein Brunnen. In der Nähe der Hütte ist zwischen Felsen ein Geocache versteckt. Familien, die ausserhalb der Sommerferien übernachten, können an einer Kristall-Schatzsuche teilnehmen, die sie zu einem Versteck am Bergsee führt. Das Fundstück darf behalten werden. Rund um die Hütte kannst du mit Geduld und Glück Murmeltiere, Gämsen, Schneehühner, Steinböcke oder Adler beobachten. In der Hütte gibt es Gesellschaftsspiele, Kinderfinken sind vorhanden. Hunde können nach Absprache im Holzschopf oder im Winterraum übernachten.

6 Die Hauptattraktion befindet sich etwas unterhalb der Hütte: Der glasklare Bergsee, in dem man im Hochsommer baden kann. Die Felsen drumherum laden zum Kraxeln ein. Mit viel Glück findest du vielleicht einen Quarzkristallsplitter; die Göscheneralp ist ein Paradies für Strahler, am Planggenstock gegenüber der Bergseehütte wurde 2005 eine 300 Kilogramm schwere Kristallgruppe entdeckt, die im Naturhistorischen Museum in Bern zu sehen ist. Über den Bergsee ist eine Tyrolienne gespannt, die Benutzung ist nur mit Bergführer gestattet (wende dich bei Interesse an den Hüttenwart).

7 Rund um die Hütte gibt es mehrere familienfreundliche Klettergärten: Der Sektor Hüttenblick bietet 26 Routen von 3 bis 6c mit einer Länge bis zu 20 Meter (5 Min. von der Hütte entfernt). In den Sektoren Kindergarten und Bächli gibt es gut abgesicherte Routen von 2 bis 6a, einige können von oben als Toprope eingerichtet werden. Ein 50-Meter-Seil wird benötigt (Zustiegszeit 25 Min.). Die Topos und das Material gibt es in der Hütte.

8 Für Familien mit Klettersteigerfahrung hat Hüttenwart Toni Fullin den Klettersteig Krokodil am Vorbau des Bergseeschijen eingerichtet. Dieser befindet sich in rund 20 Minuten Entfernung von der Hütte (Zustieg T3, Schwierigkeit Klettersteig K2 bis K3, Dauer 1,5 bis 2,5 Std.) und führt über zwei Türme und eine Seilbrücke. Für die Begehung ist eine komplette Klettersteigausrüstung nötig. Infos und Material gibt es beim Hüttenwart.

Variante

⑨ Insgesamt sind neun Hörstationen um den Göscheneralpsee verteilt, an denen dir ein Audioguide Wissenswertes zum Thema Klima vermittelt. Es gibt je eine Tour für Kinder ab sechs sowie für Kinder ab elf Jahren. Die Audioguides können im Kiosk des Restaurants Dammagletscher ausgeliehen oder aufs Handy geladen werden: www.myclimate-audio-adventure.ch. Wer mag, löst das Rätsel und nimmt am Wettbewerb teil. In Vorder Röti bietet sich eine Pause am Bach an. Hier findest du Heidelbeeren, die fast überall auf der Göscheneralp wachsen (ca. 1 Std. 20 Min. von der Hütte entfernt).

⑩ Bei einem kleinen See ist zwischen zwei Gletscherbächen ein Geocache versteckt. Vielleicht triffst du unterwegs auf Schafe oder Geissen, die rund um den Göscheneralpsee weiden.

⑪ Über eine mobile Brücke gelangst du über die Dammareuss. Wer Lust und Zeit hat, sollte das Gletschervorfeld des Dammagletschers erkunden; der Audioguide vermittelt dir hier an mehreren Stationen Wissenswertes über die Vegetation und den Gletscherrückgang.

⑫ Die Forellen im Göscheneralpsee sind bei Anglern beliebt. Patente sind beim Automaten am Staudamm erhältlich.

Variante
Um den Göscheneralpsee zurück zum Staudamm
Route: Den Aufstiegsweg entlang bis zu P. 1951, hier dem Weg rechts zum westlichen Ende des Göscheneralpsees folgen. Weiter bergauf zum Gletschervorfeld des Dammagletschers, eine Stelle ist mit Drahtseil gesichert, die Platten können bei Nässe rutschig sein. Anschliessend führt der Weg zum Staudamm und zur Postautohaltestelle beim Restaurant Dammagletscher.

Schwierigkeit	Zeit	Distanz	Höhenmeter
T2	3 Std. 15 Min.	9,2 km	↗ 370 m ↘ 955 m

Seit 30 Jahren Hüttenwart und emsiger Erschliesser: Toni Fullin stellt den Familienklettersteig fertig.

22. **Voralphütte** SAC (2126 m)

Die kleine, heimelige Voralphütte liegt in einem stillen Seitental und bietet grossartige Naturerlebnisse: Granitfelsen soweit das Auge reicht, eine reiche Flora und die Aussicht auf die Gletscher unterhalb des Sustenhorns. Die Voralpreuss schlängelt sich rauschend durchs Tal und lädt zum Verweilen ein – wer den Rundwanderweg zum Gletscher unternimmt, kann sie auf einer luftigen Brücke überqueren. In der Hütte warten leckere Kuchen und grosszügige Schlafräume auf die Besucher. Mit Glück und Geduld kann man Wildtiere beobachten oder findet vielleicht einen Kristallsplitter – falls nicht, kannst du die edlen Steine in der Hütte bewundern.

Ausgangspunkt: Göschenen, Abzw. Voralp (1402 m)

Anreise: Vom Bahnhof Göschenen mit dem Postauto bis zur Haltestelle Göschenen, Abzw. Voralp. Fährt sechsmal täglich von Ende Juni bis Mitte Oktober, Reservierung unter Telefon 079 343 01 09 mindestens zwei Stunden vor Abfahrt zwingend erforderlich. Parkplätze gibt es bei der Bushaltestelle.

Route: Der Wanderweg führt hinauf durch Wald, dann flacher der Voralpreuss entlang über mehrere Alpen bis zum Schlussaufstieg zur Voralphütte.

Schwierigkeit	Zeit	Distanz	Höhenmeter
T2	2 Std. 30 Min.	6 km	↗ 760 m ↘ 35 m

Allgemeine Informationen

Kontakt
Silvia und Peter Bernhard
Telefon 041 887 04 20
info@voralphuette.ch
www.voralphuette.ch

Bewartungszeiten
Mitte Juni bis Mitte Oktober

Schlafplätze
40 Plätze in vier Zimmern, jeweils unterteilt in kleinere Schlaflager

Koordinaten
2 680 250/1 171 570

Karten
1231 Urseren, 1211 Meiental

Preise
(Übernachtung und Halbpension)
SAC-Mitglieder
Erwachsene: CHF 67.–
Jugendliche (13 bis 22 Jahre): CHF 53.–
Kinder (6 bis 12 Jahre): CHF 38.–

Nichtmitglieder
Erwachsene: CHF 79.–
Jugendliche (13 bis 17 Jahre): CHF 59.–
Kinder (6 bis 12 Jahre): CHF 44.–

Kinder (bis 5 Jahre): CHF 15.–

Besonderes
Gratissirup zur Begrüssung, jedes Kind erhält einen Kristall, Gitarre im Essraum

1989 im Stil von Jakob Eschenmoser neu erbaut, nachdem sie von einer Lawine zerstört worden war: die Voralphütte der Sektion Uto.

Im Aufenthaltsraum der Hütte gibt es viele Gesellschaftsspiele, zudem Malsachen und Bücher.

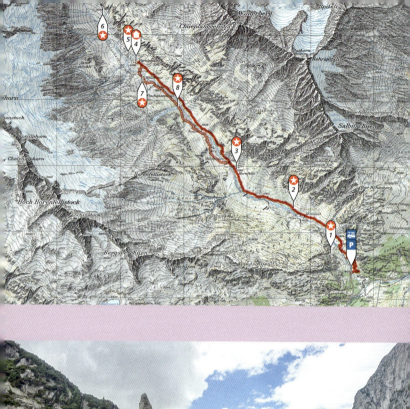

Steine, Blumen und am Horizont das Sustenhorn: willkommen im wild-romantischen Voralptal.

Sehen, Erleben, Staunen

1 Auf der anderen Bachseite liegt die Sandbalmhöhle, eine der ehemals grössten Kristallhöhlen Europas. Der Zustiegsweg zur Höhle ist aufgrund eines Felssturzes nicht mehr markiert und ein Besuch daher nicht empfehlenswert.

2 Schau doch mal nach rechts oben – hier entdeckst du die Salbitbrücke, welche seit 2009 die Salbit- mit der Voralphütte in luftiger Höhe verbindet. Die Wanderung von der Voralphütte zur Brücke ist lang und alpin (T4), ein Klettersteigset wird empfohlen.

3 Die Horfellialp erreicht man nach einer Stunde und 15 Minuten. Hier lässt es sich picknicken und an der Voralpreuss spielen, wo es kleine Sandbänke gibt. Vor der Alp kannst du Heidelbeeren pflücken.

4 Die 1989 neu erstellte Voralphütte ist klein und gemütlich, rund um die Hütte gibt es einen Froschtümpel und einen Brunnen. Direkt hinter der Hütte wohnen Murmeltiere, die laut Hüttenwart ab und zu sogar in die Hütte kommen (wenn es ruhig ist). Vor der Hütte gibt es einen Kinderklettergarten mit Schwierigkeiten zwischen 2 und 4 und Routenlängen von zehn Metern. Mit etwas Glück und Geduld kannst du Gämsen, Steinböcke, Adler, Hermelin oder sogar einen Bartgeier beobachten. In der Hütte findest du Gesellschaftsspiele, Malsachen und Bücher, Kinderfinken sind vorhanden. Es werden Kristalle aus dem Tal zum Verkauf angeboten. Hunde können auf Anfrage in der Stube übernachten.

5 In rund 20 Minuten Entfernung liegt der Klettergarten Zenden mit Schwierigkeiten von 4c bis 7a und Routenlängen von 25 bis 40 Meter. Das Topo ist in der Hütte aufgehängt.

6 Wer den Gletscher aus der Nähe betrachten möchte, begibt sich am besten auf den Rundweg, der zum Gletschertor des Wallenburfirns und nach Überquerung des Bachs über eine luftige Brücke zurück zur Hütte führt (Wanderzeit 1 Std., T2). Mit etwas Glück findest du einen Kristall, das Voralptal ist – wie die ganze Göscheneralp – ein Paradies für Strahler.

Variante

7 Hast du bereits Murmeltiere pfeifen hören?

8 Kleine Mutprobe: Die Überquerung der schaukelnden Brücke ohne Geländer ist – mit der nötigen Vorsicht – ein grosser Spass.

Variante
Abstieg auf der anderen Bachseite zur Horefellialp
Route: Kurz nach der Voralphütte zweigt rechts ein Wanderweg ab, der über die Voralpreuss und entlang dieser vorbei an der Alp Flachensteinen führt. Kurz vor der Horefellialp wird der Bach erneut überquert und es geht entlang des Aufstiegswegs zurück ins Göschenertal.

Schwierigkeit	Zeit	Distanz	Höhenmeter
T2	2 Std.	6,2 km	↗ 40 m ↘ 770 m

Unterwegs kommst du an diesem löchrigen Baum vorbei.

Kennst du diese Blumen?

Diese häufig vorkommenden Alpenpflanzen findest du im Juli / August entlang des Hüttenwegs zur Voralphütte. Welche Pflanzen am Wegrand kennst du noch? Die Lösung findest du unten.

23. **Sewenhütte** SAC (2150 m)

Die Sewenhütte bietet alles, was das Kinderherz begehrt: einen kurzweiligen Auf- und Abstieg mit Zwergen am Wegrand, Zwischenverpflegung in Form von Heidelbeeren, zudem Sandkasten, Schaukel, Slackline und Tyrolienne rund um die Hütte sowie einen See mit Ruderboot. Während sich die Erwachsenen ein kühles Getränk in den Liegestühlen auf der Terrasse gönnen und den Ausblick auf Fleckistock und Fünffingerstöck geniessen, können sich die Kinder im flachen Gelände rund um die Hütte gefahrlos austoben.

Ausgangspunkt: Gorezmettlen (1620 m)

Anreise: Mit dem Postauto vom Bahnhof Göschenen oder Meiringen auf der Sustenpasslinie zur Haltestelle Meien, Gorezmettlen. Verkehrt von Ende Juni bis Ende September zweimal täglich. Parkplätze gibts bei der Bushaltestelle.

Route: Vom Gorezmettlenbach steigt man über die Gitzichrummenflue steil durch den Wald hinauf. Anschliessend führt der Wanderweg in offenem, felsigem Gelände auf einem Zickzackweg zur Sewenhütte.

Schwierigkeit	Zeit	Distanz	Höhenmeter
T2	1 Std. 30 Min.	1,6 km	↗ 540 m ↘ 10 m

Allgemeine Informationen

Kontakt
Ursi und Walti Gehrig
Telefon 041 885 18 72
info@sewenhuette.ch
www.sewenhuette.ch

Bewartungszeiten
Anfang Juni bis Mitte Oktober

Schlafplätze
62 Plätze, davon zwei Fünferzimmer

Koordinaten
2 682 710 / 1 177 840

Karte
1211 Meiental

Preise
(Übernachtung und Halbpension)
SAC-Mitglieder
Erwachsene: CHF 61.–
Jugendliche (10 bis 22 Jahre): CHF 48.–

Nichtmitglieder
Erwachsene: CHF 73.–
Jugendliche (10 bis 17 Jahre): CHF 52.–

Kinder (6 bis 9 Jahre): CHF 40.–
Kinder (bis 5 Jahre): CHF 29.–

Besonderes
Begrüssungstee, Schaukel, Tyrolienne, Slackline

Die Sewenhütte der Sektion Pfannenstiel – ein typischer, polygonaler Eschenmoserbau aus dem Jahr 1975 – liegt auf einer Sonnenterrasse über dem Meiental.

In der hellen und freundlichen Stube finden Kinder Bücher, Malsachen und Spiele.

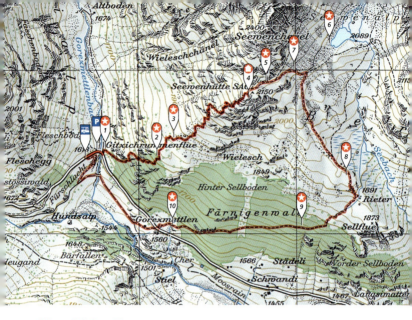

Sehen, Erleben, Staunen

❶ Der Aufstieg zur Sewenhütte ist kurz und knackig – die lustigen blauen und roten Zwerge entlang des Weges sorgen für eine willkommene Abwechslung.

❷ Zeit für eine Pause: Bei einem Bildstock gibt es mehrere Bänke im Schatten, die zum Ausruhen einladen (45 Min. ab Gorezmettlen).

❸ Heidelbeerfans sollten beim Aufstieg zur Sewenhütte unbedingt Sammelboxen einpacken und zugreifen: Im Spätsommer ist das Gelände rund um die Sewenhütte bekannt für die blauen Beeren, die Zunge, Mund, Hände und Kleidung hübsch färben. Auch Preiselbeeren gibt es – die herb-sauren Früchte schmecken jedoch gekocht besser als roh.

❹ Rund um die Sewenhütte erwartet dich der perfekte Spielplatz: Es gibt Sandkasten, Schaukel, Slackline, einen Brunnen und viel Platz im flachen, steinigen Gelände zum Spielen, Toben und Kraxeln. Mutige probieren die 75 Meter lange Tyrolienne aus. Material und Anleitung gibts beim Hüttenwart. Mit etwas Glück kannst du Adler und Murmeltiere beobachten, im Juni statten Steinböcke der Hütte regelmässig einen Besuch ab. Im Frühsommer und nach Regen gibt es bei der Hütte einen kleinen Tümpel, in dem sich Kaulquappen tummeln. Auch Molche und Alpensalamander kannst du beobachten. Unterhalb der Hütte befindet sich ein kleiner Bach. Für einen gemütlichen Nachmittag stehen auf der Terrasse Liegestühle zur Verfügung. In der Hütte gibt es Gesellschaftsspiele, Malsachen und Bücher. Kinderfinken sind vorhanden. Hunde können auf einer Wolldecke im Holzraum übernachten.

❺ In Hüttennähe gibt es mehrere kindertaugliche Klettergärten mit Routen vom 3. bis zum 6. Schwierigkeitsgrad. Das Topo kann beim Hüttenwart erworben, Klettermaterial in der Hütte gemietet werden.

❻ In 30 Minuten erreichst du den flachen Sewensee und dann nichts wie hinein ins kühle Nass! Wer lieber im Trockenen bleibt, dem sei eine Fahrt mit dem Boot empfohlen. Jüngere Kinder lieben wahrscheinlich den Matsch am nördlichen Ufer. Hier begegnest du vielleicht Schafen.

Variante

❼ Auch während des Abstiegs begleiten dich die Sewen-Zwerge. Zählst du, wie viele es sind?

❽ Noch einmal die schöne Aussicht auf Stuckli- und Fleckistock und den imposanten Bach unterhalb davon geniessen sowie Heidelbeeren pflücken: Oberhalb der Alp Rieter gibt es mehrere Möglichkeiten, eine Picknickpause im flachen Gelände einzulegen (30 Min. ab Sewenhütte).

❾ Im schönen Färnigenwald wachsen im Herbst und bei feuchtem Wetter viele Pilze. Welche kennst du?

❿ Kurz bevor du die Passstrasse erreichst, kommst du an kleinen Bächen vorbei, die die Füsse herrlich kühlen.

Variante
Über die Alp Rieter hinunter zur Passstrasse
Route: Von der Sewenhütte zunächst Richtung Sewensee, anschliessend auf einem Moränenrücken hinunter zur Alp Rieter und durch den Färnigenwald zur Passstrasse. Nach einem Ab- und kurzen Gegenanstieg kommt man zurück zum Ausgangspunkt am Gorezmettlenbach. Alternativ kann in 15 Minuten passabwärts zur Bushaltestelle Färnigen abgestiegen werden.

Schwierigkeit	Zeit	Distanz	Höhenmeter
T2	1 Std. 30 Min.	3,6 km	↗ 85 m ↘ 615 m

Am Sewensee kann man auf Bootstour gehen, baden, Heidelbeeren sammeln und Schafe zählen

Wer Erfahrung im Sichern und im Vorstieg mitbringt, kommt in den Klettergärten rund um die Sewenhütte auf seine Kosten.

Klettern mit Kindern

Schon kleine Kinder kraxeln gerne auf alles Mögliche: Bäume, Bänke, kleine Felsen usw. Sie erkunden ihre Umgebung spielerisch, denn mit den Eltern «nur» zu wandern, ist langweilig für sie. In diesem Buch wird immer wieder auf Klettergärten hingewiesen, die sich in der Nähe von Hütten befinden. Diese eignen sich meist auch für Kinder, wobei erste Erfahrungen in einer Halle oder im Klettergarten empfohlen werden. Für das Klettern steht keine Aufsichtsperson zur Verfügung, Erfahrung im Sichern und im Vorstieg muss also vorhanden sein. Falls diese fehlt, bieten die 111 SAC-Sektionen in der ganzen Schweiz Kurse und Touren für Eltern mit ihren Kindern sowie für Kinder und Jugendliche an. Das Angebot ist je nach Sektion unterschiedlich und reicht vom ELKI-Klettern (Eltern-Kind-Klettern) bis zum Familien- und Jugendbergsteigen. Zudem besteht in den meisten Sektionen eine eigene Jugendabteilung, die JO. Interessierte kontaktieren am besten eine lokale SAC-Sektion. Eine Übersicht aller Sektionen und viele weitere Informationen zum Thema Ausbildung gibt es auf www.sac-cas.ch.

24. **Salbithütte** SAC (2105 m)

Willkommen im Kletterparadies: Die Umgebung rund um die Salbithütte ist in Kletterkreisen wohlbekannt, das merkt man spätestens nach Ankunft in der Hütte. Mit dem Feldstecher kannst du gemütlich von der Terrasse aus die Seilschaften am Salbitschijen beobachten. Rutschbahn und Schaukel vor der Hütte, viele Heidelbeersträucher sowie ein wunderschöner Bergsee unterhalb der Hütte lassen die Zeit bis zum Abendessen im Nu vergehen. Da für den Zu- und den alternativen Abstieg einige steile Höhenmeter zu meistern sind, empfiehlt sich der Besuch in der Salbithütte mit älteren oder ausdauernden Kindern.

Ausgangspunkt: Göschenen, Grit (1195 m)

Anreise: Vom Bahnhof Göschenen mit dem Postauto bis zur Haltestelle Göschenen, Grit (alternativ kann auch eine Station später, Göschenen, Abzw. Salbit, ausgestiegen werden, die Wanderstrecke und -zeit bleiben in etwa gleich). Das Postauto fährt sechsmal täglich von Ende Juni bis Mitte Oktober, Reservierung unter Telefon 079 343 01 09 mindestens zwei Stunden vor Abfahrt zwingend erforderlich. Parkplätze gibt es bei den Bushaltestellen.

Route: Von Grit oder Abzw. Salbit geht es in vielen Kehren und Stufen auf gut markiertem Weg den steilen Südhang hinauf nach Regliberg. Anschliessend wird der Weg zunehmend flacher und führt zum Schluss durch offenes Gelände zur Salbithütte.

Schwierigkeit	Zeit	Distanz	Höhenmeter
T2	2 Std. 30 Min.	3,4 km	↗ 910 m

Allgemeine Informationen

Kontakt
Richard Walker
Telefon 041 885 14 31
info@salbit.ch
www.salbit.ch

Bewartungszeiten
Mitte Juni bis Mitte Oktober

Schlafplätze
58 Plätze in sechs Lagern

Koordinaten
2 685 180/1 170 080

Karten
1211 Meiental, 1231 Urseren

Preise
(Übernachtung und Halbpension)
SAC-Mitglieder
Erwachsene: CHF 62.–
Jugendliche (13 bis 22 Jahre): CHF 50.–

Nichtmitglieder
Erwachsene: CHF 73.–
Jugendliche (13 bis 17 Jahre): CHF 52.–

Kinder (7 bis 12 Jahre): CHF 34.–
Kinder (bis 6 Jahre): CHF 29.–

Besonderes
Willkommensdrink, Schaukel,
Rutschbahn, Feldstecher

Umgeben von Granitzacken: die Salbithütte der Sektion Lindenberg im Göschenertal.

Macht nicht nur Kindern Spass: Schaukeln mit Aussicht unterhalb der Hüttenterrasse.

Sehen, Erleben, Staunen

1 Bereits beim Start gibt es eine Menge Heidelbeeren, diese begleiten dich während der Wanderung: Je nach Reifezustand lohnt es sich, unterwegs mehrere Naschpausen einzulegen. Bei feuchter Witterung wachsen im Wald vor der Alp Regliberg Pilze.

2 Rechts des Wanderweges ist in einem Baumloch ein Geocache versteckt.

3 Die Alp Regliberg ist privat, in der Nähe befinden sich ein Tümpel und ein munter sprudelnder Bach, an dem du rasten kannst (1 Std. 20 Min. von Grit entfernt). Schönere Rastplätze gibt es oberhalb der Baumgrenze oder beim Gruebenseeli (Wanderzeit 2 Std.).

4 Hast du die Hüttenfahne bereits entdeckt?

5 Die Qual der Wahl: Zuerst eine Abkühlung oder direkt zur Hütte? Wer beim glasklaren und wunderschönen Gruebenseeli vorbeischaut, kann die Hütte in einer Rundwanderung erreichen (der Zustieg verlängert sich um ca. 10 Min.).

6 Unter einem grossen Stein ist rechts des Wanderweges ein Geocache versteckt.

7 Die Salbithütte bietet wunderbare Blicke ins Göschenertal und auf spitze Granitzacken, an denen sich bei schönem Wetter die Kletterer tummeln. Mit dem Feldstecher auf der Terrasse kannst du die Seilschaften im Salbitschijen-Südgrat zählen. Vielleicht interessieren dich die Rutschbahn (wer traut sich?) und die Schaukel vor der Hütte aber mehr. Zum Abkühlen gibt es einen Brunnen. Die Umgebung rund um die Hütte ist ein grosser Spielplatz mit vielen Felsblöcken zum Kraxeln. Im Frühsommer gibt es oberhalb der Hütte einen See, der jedoch im Verlauf des Sommers austrocknet. Am Waldrand unter der Hütte kannst du vielleicht Birkhühner beobachten, zudem gibt es Murmeltiere Richtung Salbitschijen-Südgrat und auch der Bartgeier wurde schon gesichtet. Bei der Hütte sind zwei Geocaches versteckt. In der Hütte gibt es Gesellschaftsspiele, Kinderfinken sind vorhanden. Hunde können auf Anfrage im Holzschopf übernachten.

8 Rund um die Salbithütte gibt es eine Vielzahl Klettergärten. Für Familien ist vor allem der Sektor Seeplanggen geeignet, der sich rund 40 Minuten oberhalb der Hütte in Richtung Bandlücke befindet. Hier gibt es Routen zum Topropen zwischen 4a und 4c, ein 50-Meter-Seil ist nötig. Am sogenannten Globi-Felsen gibt es zwei Blöcke mit einfachen, zehn Meter hohen Routen zum Topropen (ca. 15 Min. von der Hütte entfernt). Das Topo gibt es in der Hütte, Kletterausrüstung kann beim Hüttenwart gemietet werden.

9 Die Wanderung zur Salbit-Hängebrücke (1 Std. 20 Min., Schwierigkeit T4) ist gegen Schluss ausgesetzt und nur für Familien geeignet, die sich im alpinen Gelände wohlfühlen. Kinder sollten gesichert werden. Alternativ dazu empfiehlt der Hüttenwart die Wanderung zum markanten Kreuz auf Mittler Höhenberg (siehe Gipfelziel).

Gipfelziel

10 Stattliche Erscheinung: Von der Hütte aus ist das Gipfelkreuz des Mittler Höhenbergs gut zu sehen. Das mehrere Meter hohe Kreuz ist mit Stahlseilen fixiert. Von hier geniesst du einen tollen Ausblick ins Göschenertal.

Variante

11 Bei einem Baumstumpf rechts des Weges ist ein Geocache versteckt. Entlang des Abstiegsweges kannst du je nach Saison wiederum viele Heidelbeeren finden oder Pilze entdecken.

12 Im letzten Drittel sind mehrere Bänke aufgestellt, die zu einer Pause einladen. Am Kaltbrunnen gibt es tatsächlich sehr kaltes Wasser, das im Hochsommer herrlich erfrischt.

Gipfelziel
Auf den Mittler Höhenberg (2169 m)
Route: Von der Salbithütte geht es auf dem markierten Weg zunächst sanft bergab, anschliessend hinauf zum gut sichtbaren Kreuz.

Schwierigkeit	Zeit	Distanz	Höhenmeter
T2	45 Min.	1,8 km	↗ 140 m ↘ 80 m

Variante
Abstieg über Engizügli nach Göschenen
Route: Dem Aufstiegsweg entlang hinunter nach Regliberg. Hier dem Weg geradeaus folgen; dieser führt auf schmalem Pfad durch den Wald hinunter nach Göschenen. Insgesamt ist der Weg flacher, stellenweise aber auch abschüssiger als der Aufstiegsweg.

Schwierigkeit	Zeit	Distanz	Höhenmeter
T2	2 Std. 15 Min.	5,3 km	↗ 35 m ↘ 1035 m

Endpunkt: Göschenen (1099 m)

Abreise: Mit dem Zug vom Bahnhof Göschenen Richtung Luzern oder Gotthard.

Hier gehts runter: Wer traut sich auf die Rutschbahn vor der Salbithütte?

25. **Kröntenhütte** SAC (1903 m)

Die Wanderung zur Kröntenhütte im hinteren Erstfeldertal bietet eine Vielzahl an Höhepunkten: Geissalp, Wasserfall, eine wunderbare Moorlandschaft mit vielen Amphibien und Pflanzen, Gletscherblick, Bootsfahrt und Tyrolienne. Rund um die Hütte gibt es viele Kletter- und Bouldermöglichkeiten, drinnen lässt es sich gemütlich verweilen. Der Zustieg über Chüeplangg ist zwar etwas länger, bietet dafür aber im Aufstieg mehr Abwechslung, Schatten sowie Bergbach und See. Damit der Hüttenausflug zum Vergnügen wird, sollten Kinder und Erwachsene über etwas Ausdauer verfügen.

Ausgangspunkt: Bodenberg (1002 m)

Anreise: Mit dem Zug nach Erstfeld, weiter mit dem Alpentaxi (Telefon 079 413 91 15) oder mit dem Mountainbike bis Bodenberg. Die Fahrbewilligung für die Anreise mit dem Privatauto gibt es in Erstfeld am Bahnhofskiosk oder auf der Gemeinde. Ausgeschilderte Parkplätze sind in Bodenberg vorhanden.

Route: Von Bodenberg geht es entlang dem Alpbach nach Sulzwald, anschliessend über den Bach und etwas ausgesetzt an Felsen entlang (Drahtseilsicherung), bevor der Bach erneut überquert wird. Der Weg steigt weiter zur Alp Chüeplangg und zur Moorebene des Fulensees hinauf. Von hier geht es in Kehren hinauf zur Kröntenhütte.

Schwierigkeit	Zeit	Distanz	Höhenmeter
T2	3 Std.	5,6 km	↗910 m ↘5 m

Allgemeine Informationen

Kontakt
Irene und Markus Wyrsch
Telefon 041 880 01 22
kroentenhuette@bluewin.ch
www.kroentenhuette.com

Bewartungszeiten
Mitte Juni bis Anfang Oktober

Schlafplätze
80 Plätze, davon zwei Fünfer- und zwei Sechserzimmer

Koordinaten
2 686 780/1 183 840

Karten
1191 Engelberg, 1192 Schächental

Preise
(Übernachtung und Halbpension)
SAC-Mitglieder
Erwachsene: CHF 63.–
Jugendliche (10 bis 22 Jahre): CHF 48.–

Nichtmitglieder
Erwachsene: CHF 76.–
Jugendliche (10 bis 17 Jahre): CHF 54.–

Kinder (6 bis 9 Jahre): CHF 42.–
Kinder (bis 5 Jahre): CHF 32.–

Besonderes
Tyrolienne, Slackline, Hüttenpool, Seen

Kleinod im Erstfeldertal: die Kröntenhütte der Sektion Gotthard.

Ein besonderes Erlebnis ist eine Bootsfahrt auf dem Obersee.

Sehen, Erleben, Staunen

❶ Kurz vor der Sulzwaldalp befinden sich zwei Felsenkeller, in denen früher Käse, Milch und andere Frischwaren gelagert wurden. Eine herrliche Abkühlung im Hochsommer! Bei der Alp Sulzwald gibt es ein kleines «Lädeli» mit selbst gemachten Sachen. Entdeckst du den Wetterstein? Wer sich für Geologie interessiert: Im Erstfeldertal scheiden sich Kalk und Gneis: Wo kannst du dies beobachten?

❷ Allen, die wilde Pfefferminze oder Brombeeren mögen, sei hier eine kurze Pause empfohlen (40 Min. ab Bodenberg).

❸ Einkehr auf der Alp Chüeplangg: Beim Älpler kann man frische Getränke und Geisskäse kaufen (1 Std. 30 Min. ab Bodenberg). Auf der Alp sind im Sommer neben einer Vielzahl Geissen auch Hühner, Katzen und manchmal Schweine anzutreffen.

❹ Eindrücklich und unüberhörbar: Der 120 Meter hohe Wasserfall, der von der Hochebene des Fulensees herabdonnert. Auch der Glescherabbruch des Glattfirns zeigt sich bald. Bei der Brücke lässt es sich schön am Bach spielen. Hast du bereits Murmeltiere pfeifen hören oder welche gesehen? Eventuell kannst du sogar eine Schlange beobachten.

5 Sobald man auf die Moorebene des Fulensees gelangt, wird man von einem Empfangskomitee von Fröschen und Libellen begrüsst. Die Ebene lädt zum Verweilen ein, denn die Pflanzenvielfalt ist einmalig. Hier und auf dem Weiterweg zur Hütte findest du viele Heidelbeeren. Der Fulensee bietet sich für ein Bad an; er erwärmt sich im Sommer auf über 20 Grad.

6 Lust auf eine Kletterpartie? In Hüttennähe gibt es mehrere Klettergärten mit Routen für Anfänger und Fortgeschrittene zwischen 3. und 7. Schwierigkeitsgrad. Auch Mehrseillängen und einen Klettersteig gibt es. Das Klettermaterial kann in der Hütte ausgeliehen werden. Topos und weitere Infos auf www.kroentenhuette.com. Oberhalb der Hütte und beim Obersee gibt es Boulderfelsen.

7 Rund um die Kröntenhütte kannst du dich austoben: Eine willkommene Abkühlung bietet der Hüttenpool, für Spass und Action sorgen Slackline sowie Tyrolienne, die unter Aufsicht und gegen Miete benutzt werden kann. Wer gerne Tiere beobachtet, erspäht vielleicht Gämsen und Rehe. In der Nähe der Hütte ist unter einem Felsen ein Geocache versteckt. Vor der Hütte wächst Feines im Gemüsegarten. Bei schlechtem Wetter und am Abend lassen Gesellschaftsspiele, Puzzles, Malhefte und Bücher keine Langeweile aufkommen. Für die Musikalischen steht eine Gitarre bereit. Kinderfinken sind vorhanden. Hunde können im Trockenraum oder im Freien schlafen.

8 Der Obersee (10 Min. von der Hütte entfernt) wartet mit anderen Temperaturen als der Fulensee auf – wie wärs mit einer Bootsfahrt? Informationen zur Benutzung gibt es beim Hüttenwart. Auf der Ebene gibt es viele Bäche zum Spielen und Stauen.

Gipfelziel

9 Auf dem Weg zum Oberseemänndli findest du Heidelbeeren und kommst an Tümpeln vorbei. Auf dem Gipfel erwarten dich schöne Aus- und Tiefblicke ins hintere Erstfeldertal, auf das steil abfallende Gletscherende des Glattfirns und die unzähligen Berggipfel wie Krönten, Spannort und Schlossberg.

Variante

10 Augen auf: Der Weg führt über eine kleine Gletschermühle, welche im Lauf von Tausenden von Jahren vom Wasser ausgeschliffen wurde.

11 Bei der von einem Blitzschlag getroffenen Hutzitanne gibt es eine Bank zum Rasten (1 Std. von der Hütte entfernt). Wegen den zwei Ameisenhaufen wird die Pause vielleicht eher kurz. Die Zeit reicht aber, um den Geocache zu finden, der hier versteckt ist. Ein ameisenfreier Alternativ-Pausenplatz ist die von der Sonne erwärmte Steinplatte ca. 5 Minuten oberhalb der Tanne. Hier findest du – wie fast auf dem gesamten Abstiegsweg – im August viele Heidelbeeren.

Gipfelziel
Oberseemänndli (2228 m)
Route: Von der Kröntenhütte zum Obersee und dem Zustiegsweg zum Krönten (weiss-blau-weiss markiert) folgen, bevor der Weg zum Männdli (weiss-rot-weiss markiert) rechts abzweigt. Wegspuren führen steil hinauf zum luftigen Grat und auf den ausgesetzten Gipfel. Nur Schwindelfreien und Trittsicheren zu empfehlen, jüngere Kinder im Auge behalten.

Schwierigkeit	Zeit	Distanz	Höhenmeter
T2+	1 Std. 15 Min.	1,7 km	↗ 350 m ↘ 30 m

Variante
Abstieg über Geissfad nach Bodenberg
Route: Zunächst dem Aufstiegsweg folgen, bei der Wegverzweigung geht es den steilen Nordhang auf vielen Stufen hinunter nach Hutzi und weiter nach Bodenberg.

Schwierigkeit	Zeit	Distanz	Höhenmeter
T2	1 Std. 40 Min.	3,7 km	↗ 10 m ↘ 910 m

Moorlandschaft Fulensee

Noch vor rund 170 Jahren war dort, wo heute der Fulensee ist, ein Gletscher. Nach dem Schmelzen des Eises entstand im Lauf der Jahrzehnte eine Moorlandschaft. Sie ist eine der jüngsten und, aufgrund der wenigen Zustiegswege, eine der natürlichsten Moorlandschaften der Schweiz. Einige seltene Pflanzenarten wachsen hier, darunter auch fleischfressende wie der Sonnentau. In den zwei Karmulden des Ober- und des Fulensees finden sich Hoch- und Flachmoore, Seen und Tümpel; frei mäandernde Bäche durchziehen sie. Rund um den idyllischen Fulensee wächst der seltene Schwingrasen. Es soll hier den grössten zusammenhängenden Bestand von Blumenbinsen in der Schweiz geben.

Wichtig fürs Klima

In den letzten 150 Jahren sind fast 90 % der Schweizer Moore verschwunden, sei es durch die Nutzbarmachung für die Landwirtschaft, die Kanalisierung von Flüssen und Bächen oder den Abbau von Torf. Moore spielen beim Klimaschutz eine wichtige Rolle, da sie viel Kohlendioxid (CO_2) speichern. Wenn Moore austrocknen, wird CO_2 freigesetzt, was die Klimaerwärmung beschleunigt.

Mit der Annahme der Rothenturm-Initiative 1987 sind Moore und Moorlandschaften in der Schweiz durch die Verfassung geschützt. Im entsprechenden Inventar sind rund 1800 schützenswerte Hoch- und Flachmoore beschrieben. In diesen dürfen keine Bauten erstellt und keine Bodenveränderungen vorgenommen werden. Auch die landwirtschaftliche Nutzung ist stark eingeschränkt, damit sich der Zustand der Moore nicht verändert. Die Eidgenössische Forschungsanstalt für Wald, Schnee und Landschaft WSL beobachtet seit 30 Jahren periodisch, wie es um die Schweizer Moore steht. Mehr auf www.wsl-junior.ch.

Jung und schützenswert: die Moorlandschaft Fulensee unterhalb der Kröntenhütte.

26. Treschhütte SAC (1475 m)

Obwohl die Treschhütte die tiefstgelegene SAC-Hütte ist, braucht es für den Aufstieg ab Gurtnellen ein wenig Ausdauer. Die Wanderung ist jedoch so abwechslungsreich, dass sie auch mit jüngeren Kindern angegangen werden kann. Sie führt durch das malerische Fellital und entlang des Fellibachs, der – je nach Wasserstand – zum Baden und Stauen einlädt. Rund um die Hütte gibt es viel zu tun und zu entdecken: Verstecken im Wald, Spielen im Sandkasten, Besuch der nahen Alp, Froschsuche und vieles mehr. Die 2012 umgebaute Hütte bietet eine Menge Spielmöglichkeiten am Abend oder bei schlechtem Wetter. Langeweile kommt hier sicher keine auf!

Ausgangspunkt: Gurtnellen, Fellital (715 m)

Anreise: Vom Bahnhof Göschenen oder Erstfeld mit dem Bus bis Gurtnellen, Fellital. Parkplätze gibt es 300 Meter nach der Autobahnunterführung am Wanderweg Richtung Hütte (Wanderzeit ab Parkplatz 2 Std. 15 Min.). Das Fellitaxi (Telefon 079 664 41 39) fährt bis Oberfelliberg (1140 m), frühzeitig reservieren! (Wanderzeit ab Oberfelliberg 1 Std. 15 Min.)

Route: Zunächst durch die Unterführung und weiter auf der Alpstrasse, die zweimal abgekürzt werden kann. Ab Oberfelliberg geht es auf schönem Wanderweg entlang des Fellibachs zur Treschhütte.

Schwierigkeit	Zeit	Distanz	Höhenmeter
T2	2 Std. 30 Min.	4,8 km	↗ 780 m ↘ 10 m

Allgemeine Informationen

Kontakt
Franziska Kunz-Waser
Telefon 041 887 14 07
info@treschhuette.ch
www.treschhuette.ch

Bewartungszeiten
Pfingsten bis Ende Oktober

Schlafplätze
32 Plätze, davon ein Dreierzimmer und zwei Dreieinhalbzimmer (das halbe Bett ist für ein Kind bis ca. 5 Jahre)

Koordinaten
2 692 570/1 174 870

Karte
1212 Amsteg

Preise
(Übernachtung und Halbpension)
SAC-Mitglieder
Erwachsene: CHF 59.–
Jugendliche (11 bis 22 Jahre): CHF 49.–

Nichtmitglieder
Erwachsene: CHF 69.–
Jugendliche (11 bis 17 Jahre): CHF 55.–

Kinder (bis 10 Jahre): CHF 3.–
pro Altersjahr

Besonderes
Riesen-Mikado, Sandkasten, Schatzsuche

Für kleine und grosse Abenteurer: die Treschhütte der Sektion Am Albis im Fellital.

Ein Höhepunkt: der Sandkasten vor der Treschhütte.

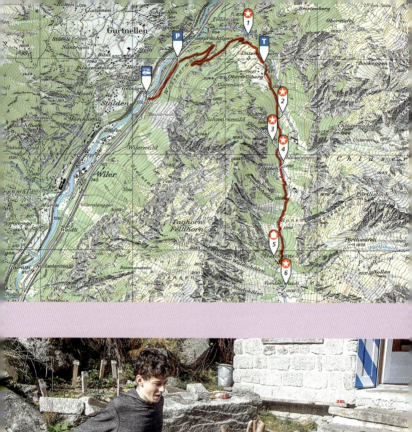

Beim Riesen-Mikado ist Geschicklichkeit gefragt.

Sehen, Erleben, Staunen

❶ Bei der zweiten Abkürzung ist ein kleiner Stand, an dem Kristalle verkauft werden. Unterhalb, bei der Kapelle, ist ein Geocache versteckt. Weiter oben wachsen im Frühsommer viele Walderdbeeren, Naschen ist ausdrücklich erlaubt!

❷ Entdeckst du das hölzerne Kreuz neben dem Weg?

❸ Auf einer offenen Weidefläche entlang des Fellibachs gibt es einen Brunnen, der herrlich erfrischt. Vielleicht findest du auch die eine oder andere Heidelbeere am Wegrand.

❹ Zeit für eine Pause! Die Blöcke auf der Ebene laden zum Klettern ein, der Bach rauscht einladend und auch ein Geocache lässt sich unter einem der Felsen entdecken (1 Std. 45 Min. ab Gurtnellen).

❺ Rund um die Treschhütte gibt es viel zu entdecken und zu erleben: Der Fellibach direkt hinter der Hütte ist ideal zum Baden, Planschen und Stauen. Es gibt Felsblöcke zum Klettern und einen Wald zum Verstecken. Ein Geocache ist beim Wanderweg zum Taghorn versteckt. Vor der Hütte stehen ein Sandkasten und ein Brunnen. Wer früh am Morgen aus den Federn kommt, entdeckt am Bach vielleicht sogar Hirsche, die sich im Wasser abkühlen. Mit etwas Glück können nahe der Hütte auch Murmeltiere, Gämsen und andere heimische Tiere beobachtet werden. In der Hütte gibt es viele Gesellschaftsspiele, Hefte und diverse Spielsachen. Hast du die Schatzkarte im Keller bereits entdeckt? Wer findet Picos Behausung im nahen Wald? Kinderfinken sind vorhanden. Für Hundebesitzer gibt es im Keller ein separates Zimmer mit zwei Betten, Hundematte und Fressnapf.

❻ Auf der Alp Vorder Waldi (10 Min. von der Treschhütte entfernt) werden feiner Käse, Rahm und Butter produziert. Hier gibt es eine kleine Sandbank am Bach und eine Feuerstelle. Ein Geocache ist ebenfalls versteckt. Im Frühling laichen eingangs der Alp Frösche – vielleicht entdeckst du welche?

Geocaching – Schatzsuche für die ganze Familie

In diesem Buch wird immer wieder auf Geocaches hingewiesen, die entlang der Wanderwege oder in Hüttennähe versteckt sind. Für alle, denen der Begriff Geocaching unbekannt ist, hier eine kurze Erläuterung:

Geocaching gibt es bereits seit einigen Jahren; inzwischen sind über drei Millionen Caches, also Schätze, auf der ganzen Welt versteckt, in der Schweiz gibt es mehr als 30 000. Für die Schatzsuche mit modernen Hilfsmitteln ist ein GPS-Gerät oder eine Smartphone-App hilfreich beziehungsweise nötig. Die Koordinaten der Verstecke findet man im Internet, beispielsweise auf www.geocaching.com. Am einfachsten ist es, eine App auf einem Smartphone mit Internetzugang, das heisst mit GPS-Funktion, zu installieren, die zum Cache lotst. Die Schätze – es handelt sich meist um wasserdichte Gefässe wie Tupperdosen, Gläser etc. – sind teilweise ganz leicht, beispielsweise am Wegrand, aber zum Teil auch sehr schwer (in einem See, am Nordpol etc.) zu finden. Die Caches werden in Schwierigkeitsstufen und verschiedene Arten eingeteilt. Am häufigsten sind die «Traditionals» und die «Multi-Caches», wo mehrere Stationen, gleich einer Schnitzeljagd, gefunden werden müssen. Es gibt auch «Mysteries», bei denen Rätsel zu lösen sind, und noch einige mehr. Häufig sind die Caches an aussichtsreichen oder schönen Orten versteckt, besonders oft unter Felsen, Baumwurzeln, in Astgabeln oder Baumstümpfen.

Cache gefunden?!

Mit dem GPS-Gerät oder dem Smartphone bewaffnet, ist der ungefähre Ort des Versteckes schnell gefunden – die eigentliche Suche findet dann häufig mit blossem Auge statt. Wenn du den Cache gefunden hast, kannst du dich ins Logbuch eintragen (Stift mitnehmen!) und einen der Gegenstände aus der Schatzkiste gegen einen mitgebrachten, gleichwertigen Gegenstand tauschen. Danach muss der Cache wieder an derselben Stelle und gut geschützt versteckt werden, damit noch viele Schatzsucher Freude daran haben.

Hilfsmittel und weitere Infos:
www.geocaching.com (Um Caches zu sehen, ist eine Registrierung nötig.)
Geocaching-App: Die Gratisversion beinhaltet einfache Caches.

Manche Caches sind einfach zugänglich und machen auch kleine Kinder zu Schatzjägern.

27. Lidernenhütte SAC (1727 m)

Hinein in ein verstecktes Tal und hinauf in den Schrattenkalk: Den Ausflug zur Lidernenhütte beginnt man am besten mit einer Seilbahnfahrt – mit den offenen, kleinen Gondeln hinaufzuschweben, ist ein Höhepunkt für Kinder. Zur Hütte ist es nur ein kurzer Fussmarsch, sodass viel Zeit bleibt, die Gegend zu erkunden. Neben vielen Klettermöglichkeiten für Gross und Klein gibt es einen schönen Bergsee und eine Höhle zu entdecken. In der Hütte wirst du mit Selbstgemachtem verwöhnt. Hier bleibt man gerne ein wenig länger!

Ausgangspunkt: Gitschen (1717 m)

Anreise: Vom Bahnhof Sisikon mit dem Postauto nach Riemenstalden, Chäppeliberg. Verkehrt zweimal täglich, aber nur nach Voranmeldung unter Telefon 079 249 47 02, Reservation mindestens eine Stunde vor Abfahrt. Parkplatz bei der Talstation der Seilbahn. Weiter mit der Luftseilbahn Chäppeli-Spilau zur Bergstation Gitschen (verkehrt von Juni bis Oktober).

Route: Von der Bergstation Gitschen geht es in kurzer Wanderung zur Lidernenhütte.

Schwierigkeit	Zeit	Distanz	Höhenmeter
T1	15 Min.	0,5 km	↗ 40 m ↘ 30 m

Allgemeine Informationen

Kontakt
Irène Kramer und Pius Fähndrich
Telefon 041 820 29 70
info@lidernenhuette.ch
www.lidernenhuette.ch

Bewartungszeiten
Mitte Juni bis Mitte Oktober

Schlafplätze
87 Plätze, davon ein Sechserzimmer

Koordinaten
2 695 500/1 199 000

Karte
1172 Muotathal

**Preise
(Übernachtung und Halbpension)**
SAC-Mitglieder
Erwachsene: CHF 63.–
Jugendliche (13 bis 22 Jahre): CHF 51.–
Kinder (10 bis 12 Jahre):   CHF 46.–

Nichtmitglieder
Erwachsene: CHF 74.–
Jugendliche (13 bis 17 Jahre): CHF 55.–
Kinder (10 bis 12 Jahre):   CHF 50.–

Kinder (7 bis 9 Jahre):   CHF 38.–
Kinder (4 bis 6 Jahre):   CHF 33.–
Kinder (1 bis 3 Jahre):   CHF 28.–
Kinder (bis 1 Jahr):   CHF 8.–

Besonderes
Klettergarten neben der Hüttenterrasse, Schaukel, Panda-OL

Klettergarten und Spielplatz locken rund um die Lidernenhütte der Sektion Mythen.

Der formschöne, löchrige Schrattenkalk rund um die Hütte lädt zum Kraxeln ein.

Sehen, Erleben, Staunen

1 Der steile Aufstieg zur Hütte durch den schattigen Wald ist schön (1 Std. 30 Min., T2), die Fahrt mit der offenen Vierer-Luftseilbahn aber noch schöner. Also, alle einsteigen!

2 Die Lidernenhütte gehört zu den ursprünglichen SAC-Hütten. Die Hüttenwarte sind seit mehr als 26 Jahren im Amt und legen Wert auf regionales und biologisches Essen; vieles – sogar die Glacé – ist selbst gemacht. Neben der Hütte gibt es einen kleinen Kinderspielplatz mit Schaukel, drinnen warten Kinderbücher, Lego und Duplo auf dich. Bei Wetterglück kannst du einen schönen Sonnenuntergang über dem Vierwaldstättersee erleben – und rund um die Hütte vielleicht Murmeltiere, Schnee- und Birkhühner beobachten. Hunde übernachten in einer Box im Keller.

3 Direkt neben der Hüttenterrasse kannst du dich im Klettern üben. Die Routen sind kinderfreundlich, rund zehn Meter hoch und können im Toprope geklettert werden. In der Nähe ist auch ein Geocache versteckt.

4 Rund um die Hütte gibt es weitere familienfreundliche Klettergärten: Der Klettergarten Rossstöckli mit drei Routen im Schwierigkeitsgrad 3 bis 4 (5 Min. von der Hütte entfernt), der einfache Kinderklettergarten Ober Hüttli mit 10-Meter-Routen (10 Min. von der Hütte entfernt) und der Klettergarten Schmal Stöckli mit fünf Routen bis 22 Meter Länge, Schwierigkeitsgrad von 4a bis 6a (ca. 15 Min. von der Hütte entfernt). Klettermaterial kann beim Hüttenwart geliehen werden. Weitere Infos auf www.lidernenhuette.ch.

5 Auf der Alp Spilau wird von Ende Juni bis Anfang September gekäst, zudem ein Beizli betrieben (10 Min. oberhalb des Sees). Die Spezialität ist Wildiheu-Käse.

6 Der wunderschön gelegene Spilauersee ist nach rund 40-minütiger Wanderung durch schöne Alpblumen von der Lidernenhütte aus erreicht. Am südwestlichen Ufer gibt es eine Grillstelle und viel Platz zum Baden und Spielen. Fischen ist mit Patent des Kantons Uri erlaubt.

7 Die Hundstockhöhle befindet sich ca. 20 Minuten oberhalb der Bergstation Gitschen. Für eine Begehung sind Klettergurt, Seil und Lampe nötig; das Material kann in der Lidernenhütte gemietet werden. Mehr Informationen gibts beim Hüttenwart.

Gipfelziel

8 Für Gipfelstürmer: Der Hagelstock ist einfach zu erwandern und bietet eine schöne Rundumsicht.

Variante

9 Bei der Wanderung über Höchi hinunter nach Chäppeliberg kannst du noch einmal den Blick ins Tal und auf Klingen- und Fronalpstock geniessen. Der Weg ist breit und verfügt über einige Stufen – weisst du, wieviele es sind?

Gipfelziel
Hagelstock (2181 m)
Route: Von der Lidernenhütte zum Spilauersee und auf dem markierten Bergweg einfach zum Gipfel.

Schwierigkeit	Zeit	Distanz	Höhenmeter
T2	1 Std. 45 Min.	2,8 km	↗ 470 m ↘ 25 m

Variante
Abstieg über Höchi nach Chäppeliberg
Route: Der Wanderweg führt auf gutem, breitem Weg über Alpgelände und in vielen Stufen hinunter nach Höchi. Anschliessend geht es auf der Alpstrasse, die zweimal abgekürzt werden kann, zurück nach Chäppeliberg. Der Weg ist weniger steil als der direkte Abstieg von der Hütte durch den Broholzwald.

Schwierigkeit	Zeit	Distanz	Höhenmeter
T2	1 Std. 45 Min.	5 km	↗ 55 m ↘ 595 m

Baden, Bräteln, Spielen: Der Spilauersee ist nach kurzer Wanderung erreicht.

Die langjährige Hüttenwartin Irène verwöhnt ihre Gäste mit selbst gemachten Leckereien.

28. **Glattalphütte** SAC (1896 m)

Die Glattalphütte liegt an einem der kältesten Orte der Schweiz und in der Nähe eines der grössten Karstgebiete des Alpenraums – Grund genug, der Hochebene im Muotathal einen Besuch abzustatten. Weitere Gründe sind die kleine Glattalp-Seilbahn, die vielen verschiedenen Tiere, die hier oben gesömmert werden, sowie Bach und Seen in Hüttennähe. Rund um die Glattalphütte gibt es viel Platz zum Spielen, Klettern und Entdecken. Wer noch nicht genug hat, kann auf den Pfaff wandern, den Glattalpsee umrunden oder auf die Suche nach Fröschen und Bergmolchen gehen.

Ausgangspunkt: Glattalp (1873 m)

Anreise: Vom Bahnhof Schwyz mit dem Bus nach Muotathal Post, und weiter nach Bisisthal, Sahli Seilbahnstation. Die Luftseilbahn Sahli – Glattalp fährt von Anfang Juni bis Mitte Oktober im Halbstundentakt. Parkplätze gibt es bei der Talstation.

Route: Von der Bergstation geht es in wenigen Minuten zur Glattalphütte.

Schwierigkeit	Zeit	Distanz	Höhenmeter
T2	10 Min.	0,4 km	↗ 40 m ↘ 15 m

Allgemeine Informationen

Kontakt
Franziska Gwerder
Telefon 041 830 19 39
sacglattalp@bluewin.ch
www.glattalphuette.ch

Bewartungszeiten
Anfang Juni bis Ende Oktober

Schlafplätze
51 Plätze in vier Zimmern,
ab 2021 kleinere Zimmer

Koordinaten
2 709 407 / 1 197 195

Karte
1173 Linthal

**Preise
(Übernachtung und Halbpension)**
SAC-Mitglieder
Erwachsene: CHF 64.50
Jugendliche (10 bis 22 Jahre): CHF 43.–

Nichtmitglieder
Erwachsene: CHF 74.50
Jugendliche (10 bis 17 Jahre): CHF 47.–

Kinder (2 bis 9 Jahre):   CHF   8.–
                                      plus CHF   3.50
                                      pro Altersjahr

Besonderes
Sandkasten, Trampolin,
Slackline, Alptiere

Die Glattalphütte der Sektion Mythen ist einfach zu erreichen und bietet viel Platz zum Spielen und Entdecken.

Bildschön und ein grosser Spass für Kinder: Karrenlandschaft auf der Glattalp.

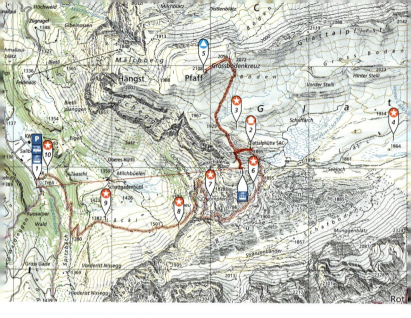

Sehen, Erleben, Staunen

❶ Eine allfällige Wartezeit bei der Bahn kann mit einer Einkehr in die Alpwirtschaft Sahli verkürzt werden. Diese befindet sich eine Minute vom Parkplatz entfernt beim Aufstiegsweg zur Glattalp.

❷ Rund um die Glattalphütte kannst du gefahrlos auf Entdeckungsreise gehen: Auf der weitläufigen Alp tummeln sich sehr viele Tiere wie Pferde, Kühe, Rinder, Kälber, Ziegen, Schafe und Schweine. Mit etwas Glück erspähst du Gämsen, Adler, Murmeltiere und Hermeline. Vor der Hütte sorgt ein Brunnen für Abkühlung. In der Nähe der Hütte ist bei einer Bank, unweit des geschnitzten Älplers, ein Geocache versteckt. In den Tümpeln und Bächen tummeln sich Frösche und Bergmolche. In der Hütte gibt es viele Gesellschaftsspiele, Malsachen und eine Legobox. Kinderfinken sind wenige vorhanden. Hunde können auf Anfrage übernachten.

❸ Geheimtipp der Hüttenwartin: Hier fliesst das Bachwasser über die warmen Steine – ein erfrischender Genuss!

❹ Um mehr von der Glattalp zu sehen, lohnt sich die Wanderung zum Glattalpsee (Wanderzeit ab Hütte ca. 30 Min.). Nach einem erfrischenden Bad (wer traut sich?) kannst du auf die Suche nach Wasserbewohnern gehen und auf Felsblöcke kraxeln. Die Umrundung des Sees mit Rückkehr zur Glattalphütte dauert etwa eine Stunde und 30 Minuten.

Gipfelziel

⑤ Gipfelstürmer sollten sich die Besteigung des Pfaffs nicht entgehen lassen. Von hier hast du einen tollen Ausblick auf die Mythen, die Rigi und den Zugersee. Gut zu sehen ist auch das riesige Karrengebiet der Charetalp. Wer mag, besucht das Charetalphüttli (in einem halbstündigen Abstieg vom Grossbodenkreuz zu erreichen). Hier kannst du feinen Geiss- und Schafkäse kaufen und die speziellen Karstformationen des Gebietes aus nächster Nähe erleben.

Variante

⑥ Bevor der Wanderweg steiler wird und an Felsbändern vorbeiführt, kommst du am kleinen Blindsee vorbei, der sich rechts des Weges in einer Senke befindet (ca. 15 Min. ab Glattalphütte).

⑦ Wer Lust auf ein wenig Abenteuer hat: Hier kannst du den regulären Wanderweg abkürzen (Schwierigkeit T3, eine kurze, ausgesetzte Stelle ist mit einem Seil gesichert).

⑧ Hast du die Quelle in der Felswand entdeckt?

⑨ Picknickpause: In Läcki gibt es Blöcke zum Kraxeln und flacheres Alpgelände, bevor es auf der Alpstrasse hinunter nach Sahli geht (1 Std. ab Glattalphütte).

⑩ Kurz vor der Alpwirtschaft Sahli ist auf der linken Seite des Weges ein Geocache versteckt.

Gipfelziel
Auf den Pfaff (2108 m)
Route: Der Wanderweg führt östlich der Glattalphütte zum Passübergang Grossbodenkreuz und weiter zum Gipfel des Pfaffs.

Schwierigkeit	Zeit	Distanz	Höhenmeter
T2	45 Min.	1,5 km	↗ 230 m ↘ 15 m

Variante
Abstieg nach Sahli
Route: Von der Glattalphütte geht es nach Mütschen, auf steilem, aber gutem Wanderweg um den Felsriegel herum nach Läcki und zum Schluss auf einer Alpstrasse, die einige Male abgekürzt werden kann, hinunter zur Talstation.

Schwierigkeit	Zeit	Distanz	Höhenmeter
T2	1 Std. 40 Min.	4,6 km	↗ 25 m ↘ 775 m

Wenn man unterwegs muss

Am besten ist es natürlich, wenn man vor dem Abmarsch im Tal oder in der Hütte die Toilette besucht. Menschlich, und bei (jüngeren) Kindern sowieso nicht immer steuerbar ist es aber, dass sich akute Bedürfnisse auch beim Wandern melden. Wenn du also unterwegs dringend musst, solltest du folgende Regeln beachten:

– Abstand von Gewässern und Felsen halten.
– Nur Toilettenpapier benutzen. Taschentücher oder Feuchttücher brauchen sehr lange, bis sie verrotten.
– Vergrabe deine Exkremente oder decke sie mit Steinen oder Erde zu.

Hier wird garantiert niemandem langweilig: In der Glattalphütte gibt es eine grosse Spieleauswahl.

Kühe habens leicht – Wanderer hingegen sollten ihre Hinterlassenschaft vergraben oder zudecken.

29. Badushütte (2503 m)

Wer die Badushütte am Oberalppass besucht, begibt sich auf die Spuren des längsten Schweizer Flusses. Der Rhein entspringt offiziell im Lai da Tuma, der unterhalb der heimeligen, kleinen Hütte liegt. Nach einer ausgiebigen Pause am See kann man den Rest des Tages auf der Terrasse oder im Klettergarten oberhalb der Hütte verbringen. Mit trittsicheren Kindern bietet sich die Besteigung des Pazolastocks am nächsten Tag an – nach kurzer Wanderung gibt es als Belohnung ein tolles Panorama, bevor der Weg zurück zum Oberalppass führt.

Ausgangspunkt: Bahnhof Oberalppass (2033 m)

Anreise: Mit dem Zug zum Oberalppass. Parkplätze gibt es auf der Passhöhe und beim Leuchtturm.

Route: Vom Oberalppass geht es über Blumenwiesen leicht ansteigend bis zum Abzweiger Richtung Hütte. Anschliessend führt der Wanderweg durch zunehmend felsiges Gelände zum Lai da Tuma und hinauf zur Badushütte.

Schwierigkeit	Zeit	Distanz	Höhenmeter
T2	2 Std. 10 Min.	5,3 km	↗ 580 m ↘ 110 m

Allgemeine Informationen

Kontakt
Marco Bachmann, Hüttenchef
Telefon 032 512 83 84
info@badushuette.ch
www.badushuette.ch

Bewartungszeiten
Anfang Juli bis Ende September

Schlafplätze
21 Plätze

Koordinaten
2 694 180 / 1 165 760

Karte
1232 Oberalppass

Preise
(Übernachtung und Halbpension)
SAC-Mitglieder
Erwachsene: CHF 54.–

Nichtmitglieder
Erwachsene: CHF 64.–

Jugendliche (11 bis 17 Jahre): CHF 32.–
Kinder (3 bis 10 Jahre):   CHF 23.–

Besonderes
See, Tümpel, Kletterfelsen,
wöchentlich wechselnde Bewartung

Die Badushütte der Sektion Manegg gehört mit 21 Schlafplätzen zu den kleinen Bergunterkünften.

Die Quelle des Rheins, der Lai da Tuma, lädt bei Hitze zum Baden ein.

Sehen, Erleben, Staunen

❶ Ein Leuchtturm in den Alpen? Das holländische Bauwerk weist auf die Quelle des Rheins hin, die sich bei der Badushütte befindet. Im Infocenter gibt es welchselnde Ausstellungen zum Thema. In der Nähe ist ein Geocache versteckt.

❷ Durch schöne Blumenwiesen geht es über Alpweiden, auf denen Kühe grasen. Ab und zu entdeckst du am Wegrand Heidelbeersträucher und hörst Murmeltiere pfeifen.

❸ Hast du die steinerne Bank am Wegrand entdeckt? Sie befindet sich kurz vor einem Bach und lädt zu einer Pause ein (1 Std. vom Oberalppass entfernt). Wenn du auf ihr sitzt, siehst du eine SAC-Hütte am Talende – wer weiss, um welche es sich handelt?

❹ Hier hat man die Wahl: Entweder in 20 Minuten direkt zur Hütte aufsteigen oder aber den Lai da Tuma besuchen und in 30 Minuten zur Hütte gelangen – eigentlich klar, welche Variante Kinderherzen höherschlagen lässt …
Wer direkt zur Hütte aufsteigt, kann auf Schatzsuche gehen: Kurz nach dem Abzweiger ist in einem Felsspalt ein Geocache versteckt. Viel Spass beim Suchen!

5 Der Lai da Tuma ist ein wunderschöner Bergsee in traumhafter Kulisse. Bei heissem Wetter empfiehlt es sich, die Wassertemperatur zu testen und im Rheinwasser zu baden. Am westlichen Ufer gibt es schöne Plätze zum Picknicken, Stauen und Kraxeln (1 Std. 40 Min. ab Oberalppass). Am östlichen Seeufer befindet sich ein Aussichtspunkt mit Bank und einem Stein, der auf die Rheinquelle hinweist. Von hier aus erreicht man in rund einer Stunde die Maighelshütte SAC. Bei der Hütte gibt es drei Seen und Klettermöglichkeiten – ebenfalls ein schöner Ort für den Aufenthalt mit Kindern.

6 Rund um die Badushütte ist Kindergelände vom Feinsten: mehrere Froschtümpel, Kletterfelsen, der Aussichtspunkt bei der Fahne (hier gibt es Handyempfang) und viele Steine zum Stapeln. Geissen weiden um die Hütte und beim See. Neben Murmeltieren siehst du mit etwas Glück und Geduld das Hütten-Wiesel oder Gämsen. Bei den Hüttenwarten kannst du einen Feldstecher ausleihen. Zudem findest du Malsachen, Bücher und Gesellschaftsspiele in der kleinen, urchigen Hütte, die früher eine Militärunterkunft war. Wenige Kinderfinken sind vorhanden. Hunde können in der Stube oder im Schopf übernachten, ein Napf steht zur Verfügung.

7 Eine Viertelstunde von der Hütte entfernt befindet sich der Klettergarten Fil Tuma, der bis zu 20 Meter hohe Routen im Schwierigkeitsgrad 3 bis 5 bietet. Die Routen können im Toprope eingerichtet werden. Das Topo ist in der Hütte aufgehängt.

Variante/Gipfelziel

8 Der Gipfel des Pazolastocks liegt nicht direkt am Weg, ist aber im Nu bestiegen (1 Std. von der Badushütte entfernt). Es erwartet dich ein toller Rundumblick auf die Bündner, Walliser und Berner Alpen. Wer entdeckt den Tödi und das Finsteraarhorn? Beim Steinmandli ist ein Geocache versteckt.

9 Der Abstiegsweg führt durch sumpfiges Gelände, in dem sich immer wieder kleine Tümpel zeigen. Heidelbeersträucher versüssen dir den Weg hinunter zum Pass.

Badushütte (2503 m)

Variante / Gipfelziel
Über den Pazolastock zum Oberalppass

Route: Von der Badushütte geht es entlang der Felswände des Fil Tuma hinauf bis zum P. 2743. Ab hier folgt man dem Grat bis zum Pazolastock, der stellenweise schmal und ausgesetzt ist. Der Abstieg erfolgt über steiles Gelände, bei dem wiederum Vorsicht geboten ist. Jüngere Kinder sollten am Grat und zu Beginn des Abstiegs beaufsichtigt werden. Anschliessend geht es auf gutem Weg hinunter zum Oberalppass.

Schwierigkeit	Zeit	Distanz	Höhenmeter
T2+	2 Std. 30 Min.	5 km	↗ 290 m ↘ 760 m

Orientierung mit Karte und Kompass

Im Zeitalter von Smartphones und GPS-Geräten wird immer öfter auf eine physische Karte verzichtet. Wenn wir mit Kindern unterwegs sind, empfiehlt es sich sehr, Swisstopo-Karten im Massstab 1:25 000 oder/und 1:50 000 in den Rucksack zu packen. Am Abend vor der Wanderung werden die Kinder in die Planung mit einbezogen und schauen die Tour auf der Karte an. Dabei bestimmen Eltern zusammen mit den Kindern Orte (Aussichtspunkte, Bergseen, Alpwiesen mit Sitzbank, grosse Steinblöcke, Sumpfgebiet usw.), bei denen ein Halt oder eine Pause eingeplant ist. An diesen Punkten schauen alle wieder in die Karte und versuchen, die Umgebung nach dem Kartenbild zu erkennen und Objekte, die auf der Karte zu sehen sind, im Gelände zu suchen. Um die Karte richtungsorientiert auf den Boden zu legen, kann mithilfe des Kompasses Norden bestimmt werden. So sieht man auch, in welche Richtung der nächste gemeinsam bestimmte Ort und somit wieder Halt oder Pause ist. Nun versucht das Kind, die Familie zu diesem Ort zu führen. Unterhaltsam ist immer auch, wenn die Kinder in einer längeren Pause zwei bis drei lustige oder ungewöhnliche Namen auf der Karte suchen oder ein Objekt mit dem Kompass anpeilen, das sie auf der Karte gefunden haben.

Jede Woche anders: Die Badushütte wird von wöchentlich wechselnden Sektionsmitgliedern bewartet.

Ein Kinderspiel? Orientierung im Gelände und richtiges Kartenlesen erfordern Übung.

30. **Camona da Punteglias** SAC (2311 m)

Hinauf in die Einsamkeit südlich des Tödis: Hoch über Trun in der Surselva befindet sich die Camona da Punteglias/Puntegliashütte auf einem Felskopf. Der Weg zur einfachen, kleinen Hütte ist auch mit dem verkürzten Start auf der Alp da Schlans Sut eher lang, zudem stellenweise mit Ketten gesichert – trittsichere und ausdauernde Kinder kommen hier jedoch auf ihre Kosten; der neue Familienklettersteig auf dem letzten Stück des Zustiegs verspricht Nervenkitzel und der Besuch der Schwemmlandschaft und des Gletschervorfelds hinter der Hütte lassen den Tag (zu) schnell vergehen.

Ausgangspunkt: Alp da Schlans Sut (1760 m)

Anreise: Von Trun mit dem Postauto nach Schlans (verkehrt fünfmal täglich, Reservation unter Telefon 079 216 49 84 obligatorisch). Weiter mit dem Taxi (Telefon 079 853 81 92) zur Alp da Schlans Sut. Für die Fahrt mit dem Auto zur Alp da Schlans Sut muss eine Bewilligung am Automaten gelöst werden. Die Parkplätze sind ausgeschildert.

Route: Von der Alp Schlans Sut geht es auf dem Panoramahöhenweg Richtung Alp da Punteglias. Vor dem Wasserschloss muss eine Felsplatte überquert werden, die mit einer Kette gesichert ist. Anschliessend verläuft die Wanderung über die leicht ansteigende Ebene, bevor der Weg steil über Geröll und auf einem mit Ketten gesicherten Zickzackweg zur Hütte führt.

Schwierigkeit	Zeit	Distanz	Höhenmeter
T3	2 Std. 45 Min.	5,3 km	↗770 m ↘230 m

Allgemeine Informationen

Kontakt
Brigitta und Ruedi Blöchlinger
Telefon 081 943 19 36
info@punteglias.ch
www.punteglias.ch

Bewartungszeiten
Anfang Juli bis Ende September

Schlafplätze
35 Plätze

Koordinaten
2 715 884 / 1 181 789

Karten
1213 Trun, 1193 Tödi

Preise
(Übernachtung und Halbpension)
SAC-Mitglieder
Erwachsene: CHF 65.–
Jugendliche (13 bis 22 Jahre): CHF 52.–
Kinder (6 bis 12 Jahre): CHF 47.–

Nichtmitglieder
Erwachsene: CHF 75.–
Jugendliche (13 bis 17 Jahre): CHF 57.–
Kinder (6 bis 12 Jahre): CHF 52.–

Kinder (bis 5 Jahre): CHF 10.–

Besonderes
Gratistee/-sirup zur Begrüssung, kleine Überraschung für Kinder, Gletschervorfeld mit Schwemmebene

Inmitten wilder Landschaft: die heimelige Puntegliashütte der Sektion Winterthur.

Die Schwemmebene hinter der Hütte ist ein grosser Spielplatz mit vielen Pflanzen und Steinen.

Von der Terrasse gibt es einen tollen Blick in die Surselva und auf die Bündner Alpen.

Sehen, Erleben, Staunen

1 Vorbei an der Alp da Schlans Sut, wo im Sommer Mutterkühe weiden, geht es auf dem Höhenweg Richtung Alp da Punteglias.

2 Entlang des Wanderwegs, der durch Wiesen und Wälder führt, entdeckst du mit etwas Glück Gämsen und Murmeltiere, im Juli gibt es viele Heidelbeeren.

3 Pause beim Wasserschloss: Auch hier wachsen Heidelbeeren, weshalb eine Rast hier sehr zu empfehlen ist. Der Bach verspricht Abkühlung (ab Alp da Schlans Sut ca. 1 Std.). Entlang dem Bach Ferrera gibt es auf dem Weiterweg immer wieder schöne Rastmöglichkeiten. Hast du die Hütte bereits entdeckt?

4 Hinauf durchs Geröllfeld: Hier sind kleine Pfadfinder gefragt – wer sieht die nächste Wegmarkierung? Und: Hast du die rote Zielscheibe entdeckt? Diese gilt es anzupeilen.

5 Direktzustieg für Könner: Seit 2018 gibt es einen Familienklettersteig, der über die Felsplatten rechts des Wasserfalls in rund einer Stunde und 30 Minuten zur Hütte führt. Der Weg zum Einstieg ist mit grünen Dreiecken markiert. Für die Begehung sind Klettersteigerfahrung und Schwindelfreiheit zwingend erforderlich, Kinder sollten in den steilen Passagen zusätzlich gesichert werden. Die Ausrüstung (Helm, Gurt, Klettersteigset) kann bei Sport Michel in Sedrun geliehen werden.

6 Während die Erwachsenen die tolle Aussicht von der Hüttenterrasse geniessen, kannst du vielleicht Steinböcke erspähen. Am besten mit dem Fernrohr der Hüttenwarte. In der Hütte gibt es Spiele und Malsachen, die die Wartezeit bis zum Abendessen verkürzen. Die Toilette und die Waschgelegenheit befinden sich ausserhalb der Hütte in einem kleinen Nebengebäude. Kinderfinken sind vorhanden. Hunde können unter der Treppe auf einer Wolldecke schlafen, eine Anmeldung ist nötig. Etwa 40 Meter nordöstlich der Hütte ist zwischen Felsen ein Geocache versteckt.

7 Direkt hinter der Hütte befindet sich eine grosse, flache Schwemmebene, welche bis zum Gletscherrand führt. Diese lädt zum Spielen am Bergbach und zum Steinmandlibauen ein.

8 Am Gletschervorfeld gibt es eine grosse Pflanzen- und Gesteinsvielfalt. Wenn du genau hinschaust, entdeckst du Punteglias-Granit – dieses sehr alte Gestein kam vor rund 330 Millionen Jahren als Magma aus dem Erdinneren in die noch älteren Gneise des Aar-Massives und erstarrte langsam. Man findet es in der Schweiz nur im Val Punteglias und im benachbarten Val Frisal. Für den berühmten Geologen Albert Heim war es das schönste Gestein der Schweizer Alpen. Bis zum Gletscher sind es rund 45 Minuten Wanderzeit.

31. **Capanna da l'Albigna** SAC (2336 m)

Das Bergell ist ein Eldorado für Kletterer – und mitten drin befindet sich die Capanna da l'Albigna/Albignahütte. Dank der Seilbahn ist der Hüttenzustieg kinderleicht und der kleine See verschafft beim Zustieg eine Abkühlung. Rund um die Hütte können Familien die Bergwelt und das Bergsteigen entdecken und erleben: Ob im Klettergarten, an den Boulderblöcken oder auf einer der einfachen Mehrseillängenrouten. Wer lieber mit den Füssen auf dem Boden bleibt, geniesst den Ausblick auf die imposanten Granitzacken, Gletscher und den Stausee oder nimmt die Rundwanderung zu weiteren Seen oberhalb der Hütte unter die Füsse.

Ausgangspunkt: Albigna (2100 m)

Anreise: Vom Bahnhof St. Moritz mit dem Postauto zur Haltestelle Pranzeira, Albigna. Die Albigna-Seilbahn verkehrt von Mitte Juni bis Mitte Oktober, jeweils von 7.00 bis 11.30 Uhr und von 13.15 bis 16.45 Uhr. Parkplätze gibt es bei der Talstation.

Route: Von der Bergstation der Seilbahn geht es hoch zum Wärterhaus und über die Staumauer. Auf der anderen Seeseite schlängelt sich der Weg zwischen Granitblöcken und an einem kleinen See vorbei zur Hütte.

Schwierigkeit	Zeit	Distanz	Höhenmeter
T2	1 Std.	2,3 km	↗ 240 m

Allgemeine Informationen

Kontakt
Annamaria Crameri und Martin Ruggli
Telefon 081 822 14 05
capanna@albigna.ch
www.albigna.ch

Bewartungszeiten
Mitte Juni bis Anfang Oktober

Schlafplätze
85 Plätze

Koordinaten
2 770 675 / 1 133 375

Karten
1296 Sciora, 1276 Val Bregaglia

Preise
(Übernachtung und Halbpension)
SAC-Mitglieder
Erwachsene: CHF 62.–
Jugendliche (7 bis 22 Jahre): CHF 51.–

Nichtmitglieder
Erwachsene: CHF 74.–
Jugendliche (7 bis 17 Jahre): CHF 56.–

Kinder (bis 6 Jahre):   CHF 16.–

Besonderes
Sandkasten, Fotosafari mit kleiner Erinnerung, Hochstuhl, Wickeltisch

Ein Familienparadies inmitten von Bergeller Granitnadeln: die Albignahütte der Sektion Hoher Rohn.

Rund um die Hütte sind kinderfreundliche Kletterrouten in hochalpinem Ambiente eingerichtet.

Sehen, Erleben, Staunen

❶ Huhu! Wer entdeckt auf der linken Talseite das felsige Gesicht des Albigna-Geistes? Am besten siehst du es auf der Staumauer. Wer mag, kann auf der Wanderung bis zur Hütte auf Schatzsuche gehen: Insgesamt sind elf Geocaches entlang des Wanderweges versteckt.

❷ Die in den 1950er-Jahren erstellte Staumauer ist 115 Meter hoch und 759 Meter lang. Sie dient der Energiegewinnung und schützt vor Überschwemmungen. Willst du mehr erfahren? Jeweils am Dienstag kannst du bei einer Führung hinter die Kulissen des Bauwerks blicken (Schwindelfreiheit vorausgesetzt). Mehr Infos auf www.bregaglia.ch.

❸ Hast du schon Murmeltiere entdeckt? Falls nicht, hast du vielleicht bei einer Pause am kleinen See Gelegenheit dazu. Ideal für eine Abkühlung! (Ca. 50 Min. ab Seilbahnstation.)

❹ Rund um die Albignahütte gibt es viel zu tun: Ein Sandkasten mit Bagger steht parat, eine Slackline ist gespannt, Blöcke laden zum Kraxeln ein. Mit einem Feldstecher ausgerüstet, entdeckst du vielleicht einen Bartgeier oder ein Hermelin. In der Hütte sind Gesellschaftsspiele und Malsachen, es gibt Kinderfinken. Hunde können nach telefonischer Absprache im Gang übernachten.

5 Gleich neben der Hütte (Zustiegszeit 2 Min.) gibt es mehrere Routen, die aufgrund kurzer Hakenabstände und moderater Schwierigkeiten (3a bis 5b) bestens für Anfänger und Kinder geeignet sind. Sogar eine Mini-Mehrseillängentour zum Üben ist eingerichtet. Klettermaterial kann in der Hütte geliehen werden. Das Topo gibt es auf www.albigna.ch.

6 Mehr Badespass gefällig? Die kleinen, flachen Seen rund 30 Minuten oberhalb der Hütte sind ein herrlicher Ort, um einen gemütlichen Nachmittag zu verbringen. Wer eine Rundwanderung unternehmen möchte, kann in einer Stunde und 30 Minuten zu den Seen und zurück zur Hütte wandern (Schwierigkeit T2). Mit etwas Glück erspähst du Steinböcke. Auf dem ganzen Weg sind wiederum Geocaches versteckt.

7 Am Stausee (30 Min. von der Hütte entfernt) gibt es einen Sandstrand. An den Blöcken kann geklettert werden. Bouldermatten sind in der Hütte erhältlich, das Topo ist auf www.albigna.ch ersichtlich. Wer Hunger hat, kann Mitgebrachtes an der Feuerstelle brutzeln.

Familienleben in der Höhe

Annamaria Crameri und Martin Ruggli verbringen die Sommermonate mit ihren Kindern Seth (fünf Jahre) und Lisa (drei Jahre) auf der Albignahütte. Im Interview berichtet Annamaria von den Herausforderungen und Höhepunkten, die das Leben mit Kindern auf einer Hütte mit sich bringt.

Wie lange bist du schon Hüttenwartin der Albignahütte?
Wir haben die Capanna da l'Albigna im Sommer 2014 übernommen. Da war Seth ein Jahr alt.

Wie sieht ein normaler Tag bei euch oben aus?
Unsere Hütte ist auch für Tagesausflüge geeignet und somit ist unser Tagesablauf sehr vorgegeben und strukturiert: Nach dem «Zmorga» unserer Übernachtungsgäste putzen wir die Hütte und bereiten das Abendessen vor. Bis um 11.00 Uhr sollte das erledigt sein, damit wir dann unsere Tagesgäste betreuen können. Wenn die letzten Tagesgäste wieder zur Seilbahn wandern, begrüssen wir wieder unsere Abendgäste. Am Nachmittag haben alle noch gestaffelt ihre Freistunden.

Wie bringst du alles unter einen Hut?
Martin und ich wechseln uns mit Kindern und Küche ab. Am Vormittag sind die Kinder dabei und flitzen durch die Schlafräume, helfen beim Schnätzeln oder spielen etwas miteinander. Wenn die Tagesküche startet, zieht aber jemand von uns beiden mit den Kindern los und der andere schaut zu der Tagesküche. Am Nachmittag wechseln wir und für das Abendessen ist der andere in der Küche.

Und dann gibt es die Nachmittagsstunden, wo wir plötzlich Lücken sehen und alle miteinander etwas machen können. Eine kurze Klettertour, Bouldern oder zum kleinen See auf Entdeckungstour gehen.

Wie erleben die Kinder den Hüttenalltag?

Unsere Kinder erleben hier im Sommer immer ein WG-Leben. Sie haben uns, aber auch verschiedene Leute aus dem Team, die ihnen etwas anderes zeigen oder erzählen. Wir haben ein schönes grosses Familienzimmer und die nahe Umgebung der Albigna. Und diese Umgebung ist wunderbar für sie. Gerade letzten Sommer haben wir wieder einen neuen Lieblingsplatz entdeckt. Und da reicht meist ein «Schüfali» zum Spielen. Alles andere wird in der Natur gefunden.

Gibt es freie Zeit, also Familienzeit?

Gemeinsame freie Zeit als Familie gibt es nicht sehr oft und doch immer wieder. Meistens ist aber jemand alleine mit den Kindern unterwegs. In der Hochsaison schlafen wir oft, wenn wir wieder mehr Energie haben, gehen wir wandern oder sehr gerne auch bouldern. Wenn sich jemand einen ganzen Tag ausklinken kann, klettern wir am liebsten eine schöne Route. Derjenige, der mit den Kindern ist, bleibt meist in der Hüttenumgebung, am See, am Bach oder an den Blöcken. Beim Stauen, Entdecken, Bauen, Rudern, Planschen, Sammeln.

Auf was freut ihr euch am meisten, wenn ihr ins Tal kommt?

Darauf, wieder nur die kleine Familie zu sein und mehr Privatsphäre zu haben. Und darauf, die Leute aus unserem Freundeskreis wieder mehr zu sehen und auf unser schönes Haus!

Wie seht ihr die Zukunft auf der Hütte mit Kindergarten und Schule?

Wir planen nicht so weit voraus. Für den Start des Kindergartens sind wir abwechslungsweise ins Tal gegangen. Übers Wochenende waren wir gemeinsam hier. Der Wechsel war nicht immer einfach für die Kinder und uns. Wie wir es in Zukunft lösen werden, werden wir schauen.

Habt ihr einen Tipp, was Kinder auf Albigna unbedingt machen müssen?

Die Wanderung zu den höher gelegenen Seen ist sehr schön. Dabei sieht man sehr viele Munggen und wenn man Glück hat auch Steinböcke. Über die Munggen kann man auch in der Albignahütte viel lernen: Im Saal gibts eine Wundernasenkiste übers Murmeltier. Und wenn man gerne kraxelt, ist die Albigna ein Paradies: Es gibt viele grössere und kleinere Steinblöcke bei der Hütte und für die Ambitionierten einige einfache Mehrseillängenrouten.

Das Hüttenwartspaar Annamaria Crameri und Martin Ruggli mit Seth und Lisa.

32. **Carschinahütte** SAC (2236 m)

Dank dem Bus alpin wird die Wanderung zur Carschinahütte auch für jüngere Kinder zu einem grossen Erlebnis: Von Bärgli aus ist die Hütte unterhalb der Sulzfluh nach kurzer Wanderung am Carschinasee vorbei erreicht. Während die Erwachsenen die Aussicht auf die berühmten Kletterberge des Rätikons geniessen, können Kinder rund um die Hütte auf die unzähligen Felsblöcke klettern oder sich im Sandkasten vergnügen. Mit etwas Glück zeigt sich das Hüttenmurmeltier Felix. Am nächsten Tag empfiehlt sich die Wanderung zum Partnunsee, wo – wie am Carschinasee – Ruderboot und Feuerstellen zur Verfügung stehen. Anschliessend geht es mit dem Trottibike rasant zurück nach St. Antönien. Was will man mehr?

Ausgangspunkt: St. Antönien, Bärgli (2134 m)

Anreise: Vom Bahnhof Küblis mit dem Postauto nach St. Antönien, Platz. Weiter mit dem Bus alpin nach Bärgli (fährt einmal täglich von Ende Juni bis Mitte August.) Bis Mitte Oktober fährt am Wochenende auf Bestellung ein Taxibus, Telefon 076 222 32 88. Grosser Parkplatz bei der Kirche in St. Antönien.

Route: Von Bärgli führt der Wanderweg zum Carschinasee und weiter über Alpweiden zur Carschinahütte.

Schwierigkeit	Zeit	Distanz	Höhenmeter
T2	1 Std.	3,5 km	↗ 180 m ↘ 80 m

Allgemeine Informationen

Kontakt
Stefanie und Stefan Bodenmann
Telefon 079 418 22 80
info@carschina.ch
www.carschina.ch

Bewartungszeiten
Mitte Juni bis Mitte Oktober

Schlafplätze
80 Plätze, davon zwei Achterzimmer

Koordinaten
2 781 625 / 1 208 989

Karten
1157 Sulzfluh, 1177 Serneus

Preise
(Übernachtung und Halbpension)
SAC-Mitglieder
Erwachsene: CHF 61.–
Jugendliche (11 bis 22 Jahre): CHF 50.–

Nichtmitglieder
Erwachsene: CHF 71.–
Jugendliche (11 bis 17 Jahre): CHF 56.–

Kinder (bis 10 Jahre): CHF 28.–

Besonderes
Sandkasten, Trampolin,
Gratistrinkwasser, Hüttenkiosk mit
Kauf- und Mietmaterial für Ausrüstung

Mit 14-stündiger Sonnengarantie: die Carschinahütte der Sektion Rätia im Rätikon.

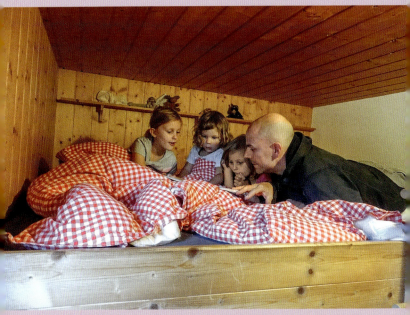

Gute-Nacht-Geschichte im gemütlichen Lager der Carschinahütte.

Sehen, Erleben, Staunen

① Nach 20 Minuten erreichst du den Carschinasee, wo ein Ruderboot zur Benutzung bereitsteht. Zudem gibt es eine Feuerstelle mit Holzlager. Hast du bereits Kaulquappen entdeckt? Bei der Bootsanlegestelle ist ein Geocache versteckt (Tipp: magnetisch).

② Unterwegs kommst du immer wieder an Murmeltierhöhlen vorbei und kannst die flinken Tiere mit etwas Glück beobachten. Vielleicht begegnest du aber auch neugierigen Rindern …

③ Rund um die Carschinahütte kannst du dich austoben: Das Gelände ist überwiegend flach und es gibt unzählige Felsblöcke in allen Grössen zum Kraxeln und Verstecken, grössere Boulderblöcke gibt es ein Stück oberhalb der Hütte Richtung Sulzfluh. Unterhalb der Hütte wohnt das Hüttenhaustier Felix – weisst du, um welches Tier es sich handelt? Richtung Sulzfluh kannst du mit etwas Glück Steinböcke und Gämsen beobachten. Bei der Hütte gibt es einen Sandkasten und ein Trampolin. Wenn das Wetter nicht mitmacht, findest du drinnen viele Gesellschaftsspiele sowie Bücher. Kinderfinken sind vorhanden. Hunde können im Holzschopf übernachten, Fressnapf und Wolldecken stehen zur Verfügung.

④ Lust auf Klettern mit dem Seil? Richtung Drusenfluh ist ein Kinderklettergarten mit kurzen Toprope-Kletterei en eingerichtet (20 Min. Zustieg). Das Material kannst du in der Hütte mieten, weitere Infos gibt es beim Hüttenwart. Beim Kletterblock ist eine Feuerstelle vorhanden.

Variante

⑤ Unterwegs siehst du immer wieder Murmeltiere (oder zumindest ihre Höhlen).

⑥ Mit älteren Kindern lohnt sich der Abstecher zur Seehöhle (ca. 2 Std. von der Hütte entfernt). Ausgerüstet mit einer Stirnlampe, kannst du das Innere der Höhle erforschen und bis zum See vorstossen.

⑦ Der malerische Partnunsee lädt bei hohen Temperaturen zum Baden ein. Wer lieber auf dem Trockenen bleibt, kann mit einem der beiden Ruderboote über den See fahren. Mehrere Feuerstellen mit Holzlagern und Tischen laden zum Grillen und Picknicken ein. Rund um den See weiden viele Kühe, die überall ihre Spuren hinterlassen.

⑧ Am Ostufer des Sees ist unter einem grossen Felsen ein Geocache versteckt, zudem sind hier an drei Blöcken familienfreundliche Kletterrouten eingerichtet (Schwierigkeiten zwischen 3a und 7b, Länge 5 bis 15 Meter).

⑨ Wer Lust auf einen rasanten Abschluss der Wanderung hat, kann sich hier ein Trottibike schnappen und damit bis St. Antönien hinunterfahren. Die Rückgabe der Trottibikes erfolgt in St. Antönien beim Parkplatz in der Nähe der Kirche – hier gibt es einen grossen Spielplatz, falls du dich noch austoben möchtest.

⑩ Bei einer Bank kurz vor dem Restaurant Alpenrösli ist ein Geocache versteckt. Weitere findest du entlang der Strasse nach St. Antönien.

Carschinahütte SAC (2236 m)

Variante
Abstieg zum Partnunsee und nach Partnun
Route: Von der Carschinahütte geht es östlich in stetem Auf und Ab, bis der steilere Weg zum Partnunsee abzweigt. Vom See führt ein einfacher Wanderweg nach Partnun, von wo mit dem Trottibike bis St. Antönien gefahren werden kann.

Schwierigkeit	Zeit	Distanz	Höhenmeter
T2	1 Std. 30 Min.	4,4 km	↗ 70 m ↘ 530 m

Endpunkt: Partnun, Alpenrösli (1775 m) beziehungsweise St. Antönien, Platz (1420 m)

Abreise: Von Partnun mit dem Bus alpin bis St. Antönien (fährt dreimal täglich von Ende Juni bis Mitte August, bis Mitte Oktober gibt es am Wochenende auf Bestellung einen Taxibus, Telefon 076 222 32 88). Von St. Antönien weiter mit dem Postauto zum Bahnhof Küblis.

Ein beliebtes Ziel: Beim Partnunsee gibt es Mietboote, Feuerstellen und Kletterfelsen.

Wo ist der Mungg? Im felsigen Gelände rund um die Hütte hausen viele Murmeltiere.

33. **Chamanna Coaz** CAS (2610 m)

Hinein in die Gletscherwelt: Ein Besuch auf der Chamanna Coaz/Coazhütte verspricht, den Eisriesen rund um den östlichsten Viertausender, den Piz Bernina, ganz nah zu sein. Eine halbe Stunde von der Hütte entfernt, kann man mit dem Eis auf Tuchfühlung gehen, Spalten, Eisberge und Gletschermühlen bewundern. Dank der Corvatsch-Seilbahn ist die Hütte zwar ohne allzu grossen Höhenunterschied auf einem spektakulären Panoramaweg erreichbar, die Länge des Zu- und Abstiegs ist aber nicht zu unterschätzen. Als Variante ist die Wanderung hinab ins Val Roseg empfehlenswert; in Roseg können sich Wanderer mit müden Beinen in die Pferdekutsche setzen.

Ausgangspunkt: Murtèl (2702 m)

Anreise: Mit dem Engadin Bus vom Bahnhof St. Moritz nach Surlej, Corvatschbahn. Die Bahn verkehrt von Mitte Juni bis Mitte Oktober von 8.30 bis 17.00 Uhr. Parkplätze gibt es bei der Talstation.

Route: Von der Mittelstation Murtèl der Corvatsch-Luftseilbahn geht es auf breitem Weg leicht ansteigend zur Fuorcla Surlej. Anschliessend wandert man in stetem Auf und Ab auf gutem Höhenweg zur Hütte.

Schwierigkeit	Zeit	Distanz	Höhenmeter
T2	2 Std. 30 Min.	8,5 km	↗310 m ↘400 m

Allgemeine Informationen

Kontakt
Ursula und Ruedi Schranz
Telefon 081 842 62 78
info@coaz.ch
www.coaz.ch

Bewartungszeiten
Mitte Juni bis Mitte Oktober

Schlafplätze
80 Plätze

Koordinaten
2 784 360/1 139 740

Karte
1277 Piz Bernina

Preise
(Übernachtung und Halbpension)
SAC-Mitglieder
Erwachsene: CHF 60.–
Jugendliche (6 bis 22 Jahre): CHF 50.–

Nichtmitglieder
Erwachsene: CHF 70.–
Jugendliche (6 bis 17 Jahre): CHF 56.–

Kinder (bis 5 Jahre): CHF 35.–

Besonderes
Panorama, Gletscher-Erlebnisweg

Benannt nach dem Erstbesteiger des Piz Bernina im Jahr 1850: die Coazhütte der Sektion Rätia.

Kaulquappen in einem Gletschersee? Zu sehen im Lej da Vadet und seinen Tümpeln.

Ein besonderes Vergnügen ist die Fahrt mit der Pferdekutsche von Roseg nach Pontresina.

Sehen, Erleben, Staunen

1 Los gehts bei der Mittelstation Murtèl der Corvatschbahn: Wer eine Stärkung braucht, kann sich im Restaurant verpflegen, Attraktion für Kinder ist der Spielplatz neben der Terrasse.

2 Eine weitere Chance auf einen Kaffee hat man im Berghaus Fuorcla Surlej nach 45 Minuten Wanderzeit ab Murtèl. Für eine Erfrischung sorgt der kleine See unterhalb des Restaurants.

3 Hast du die Hütte auf der gegenüberliegenden Talseite entdeckt? Es handelt sich um die Tschiervahütte SAC. Auch die Coazhütte kommt nun bald in Sicht.

4 Was für eine Aussicht! Hast du schon Murmeltiere gesehen? Bei Plaun dals Süts könnt ihr auf einer der flachen Felsplatten eine Pause einlegen und auf Beobachtungsposten gehen oder einfach das Panorama geniessen (Wanderzeit ab Murtèl ca. 1 Std. 45 Min.).

5 Bei der Chamanna Coaz blühen – wie auf dem ganzen Hüttenweg – je nach Jahreszeit schöne Blumen. Mit etwas Glück kannst du rund um die Hütte Murmeltiere, Schneehuhn, Gämse, Adler oder Bartgeier beobachten. Wer eine Abkühlung braucht, bleibt am besten beim Brunnen vor der Hütte. In der Hütte gibt es Malhefte und Gesellschaftsspiele, Kinderfinken sind vorhanden. Hunde können nach Absprache im Eingangsbereich übernachten.

6 Ein spektakuläres Erlebnis für Trittsichere ist der Gletscherrundweg, der an sieben Posten zu Gletschertöpfen, Seen und zum Gletschertor führt. Der Weg quert teilweise Steinplatten, die mit Vorsicht begangen werden sollten. Für den Rundweg benötigt man ca. eine Stunde. Mehr Infos auf www.coaz.ch.

7 In Hüttennähe gibt es mehrere Klettergärten. 80 Meter von der Hütte entfernt sind Stände gebohrt, an denen das Abseilen und Toprope-Klettern geübt werden können. Fünf Minuten von der Hütte entfernt sind Zweiseillängenrouten zwischen 2c und 3c eingerichtet. Ein 50-Meter-Seil ist nötig. Oberhalb der Hütte gibt es einen Klettergarten mit Routen zwischen 3b und 5c, Zustieg ca. 25 Minuten. Infos und Topos gibt es auf www.coaz.ch.

Variante

8 Mit etwas Glück entdeckst du Gämsen in den Hängen – diese zeigen sich vor allem in der Dämmerung.

9 Zum Baden ist der Lej da Vadret etwas zu kalt; doch Kaulquappen fühlen sich hier wohl! Am nördlichen See-Ende kannst du sie in Tümpeln und im See beobachten (1 Std. 30 Min. von der Coazhütte entfernt).

⑩ Wer gerne Süsses isst, sollte unbedingt noch einen Abstecher ins Restaurant Roseg Gletscher einplanen, wo es täglich ein grosses Dessertbuffet gibt.

⑪ Wer zu Fuss nach Pontresina absteigt, kann an zehn Stationen mit Fix, dem Fuchs, die Schönheiten des Val Roseg kennenlernen. Unterwegs sind zudem einige Geocaches versteckt.

Variante
Abstieg ins Val Roseg
Route: Zunächst dem Aufstiegsweg folgen, beim Abzweiger geht es auf dem weiss-blau-weiss markierten Weg steil durch teilweise verblocktes Gelände hinab zum Lej da Vadret. Diesem entlang und über das Gletschervorfeld nach Roseg. Hier nimmt man am besten die Pferdekutsche nach Pontresina (Fahrplan auf www.roseg-gletscher.ch). Wer lieber zu Fuss geht: Der Abstieg führt auf einfachem Weg durch einen schönen Kiefer-Heidelbeerwald (zusätzliche Gehzeit 1 Std. 30 Min.).

Schwierigkeit	Zeit	Distanz	Höhenmeter
T2	2 Std. 30 Min.	8,3 km	↗ 115 m ↘ 725 m

Endpunkt: Roseg (1999 m)

Abreise: Mit der Pferdekutsche von Roseg zum Bahnhof Pontresina.

Alles ist rund

Die Coazhütte fällt aus dem Rahmen: Bei ihr ist alles rund – die Schlafräume, der Aufenthaltsraum, die ganze Hütte. Entworfen hat sie der Sankt Galler Architekt Jakob Eschenmoser (1908 bis 1993), dessen Ziel es war, Unterkünfte im Gebirge möglichst gut in die Landschaft einzubetten und die Räume ideal auszunützen. Aus diesem Grund baute er schneckenförmige Hütten mit trapezförmigen Schlafräumen, die für die Schultern mehr Platz als für die Füsse gewährten.

Sein erster SAC-Hüttenneubau war 1967 die Domhütte, später kamen noch die Coaz-, die Bächlital-, die Carschina-, die Sewenhütte sowie mehrere Erweiterungen und Umbauten anderer Hütten dazu. Eschenmosers Stil war damals innovativ und neuartig. Spätere Hüttenarchitekten liessen sich von seinen Ideen inspirieren, wie beim Biwak am Grassen und bei der Cabane de Bertol zu sehen ist.

Heute sehen SAC-Hütten sehr unterschiedlich aus – Grund dafür sind die Bedürfnisse der Hüttenbesucher, die sich in den letzten Jahrzehnten gewandelt haben. Waren die Hütten einst karge Unterkünfte für Bergsteiger, sind sie heute – je nach Standort – Ausflugsziele für Wanderer, Familien und Touristen.

Mehr Platz für die Schultern als für die Füsse: typischer Eschenmoser-Schlafraum in der Salbithütte.

Ein Paradies für Mountainbiker, Alpinisten, Kletterer, Wanderer und Familien: Die Chamanna digl Kesch/Keschhütte liegt im Parc Ela oberhalb von Bergün in einer offenen, felsigen Arena. Auf dem Zustieg und im Gletschervorfeld erfahren Kinder und Erwachsene Wissenswertes zur Region und zum Rückgang des Gletschers via App. Rund um die Hütte kannst du auf OL-Tour gehen, eine Exkursion zum Gletscher unternehmen oder den Hüttenklettergarten testen. In der Hütte gibt es ein eigenes Spielzimmer mit Töggelikasten; wer mag, kann am Malwettbewerb teilnehmen – hier kommt sicher keine Langeweile auf!

Ausgangspunkt: Tuors Chants (1823 m)

Anreise: Mit dem Bus alpin vom Bahnhof Bergün nach Tuors Chants. Fährt von Ende Juni bis Ende Oktober dreimal täglich, Voranmeldung bis eine Stunde vor Abfahrt, für den ersten Kurs bis 18.00 Uhr des Vortages unter Telefon 081 834 45 34. Parkplätze gibts bei Punts d'Alp (1782 m), ca. 600 Meter vor Chants.

Route: In Chants folgt man dem Weg Richtung Keschhütte, der auf der orografisch rechten Seite des Baches Ava da Salect bleibt. Der Wanderweg steigt stetig, bleibt schmal und überquert viele kleine Bäche bis zur Baumgrenze. Zum Schluss geht es auf einem breiten Weg bis zur Hütte.

Schwierigkeit	Zeit	Distanz	Höhenmeter
T2	2 Std. 30 Min.	4,5 km	↗820 m ↘20 m

Allgemeine Informationen

Kontakt
Ursina und Reto Barblan
Telefon 081 407 11 34
kesch@kesch.ch
www.kesch.ch

Bewartungszeiten
Mitte Juni bis Mitte Oktober

Schlafplätze
92 Plätze, davon ein Vierer-,
vier Fünfer- und zwei Sechserzimmer

Koordinaten
2 786 550 / 1 168 870

Karte
1237 Albulapass

Preise
(Übernachtung und Halbpension)
SAC-Mitglieder
Erwachsene: CHF 62.–
Jugendliche (13 bis 22 Jahre): CHF 47.–
Kinder (9 bis 12 Jahre): CHF 40.–
Kinder (6 bis 8 Jahre): CHF 33.–

Nichtmitglieder
Erwachsene: CHF 75.–
Jugendliche (13 bis 17 Jahre): CHF 51.–
Kinder (9 bis 12 Jahre): CHF 44.–
Kinder (6 bis 8 Jahre): CHF 37.–

Kinder (bis 5 Jahre): CHF 27.–

Besonderes
Spielzimmer, Malwettbewerb, Wickeltisch, Babybett, Kinderkino

Komfortabel und ökologisch: Die 2001 neu gebaute Keschhütte der Sektion Davos nutzt überwiegend Sonnenenergie zur Stromversorgung.

Was es wohl mit diesem Warnschild auf sich hat?

Sehen, Erleben, Staunen

❶ Spielerisch unterwegs: Bei der Bushaltestelle beginnt die digitale Quiztour des Gletschergeistes Spiertin, der dir unterwegs zur Keschhütte an 14 Stationen die Geheimnisse rund um den Rückzug des Porchabella-Gletschers verrät. Dazu einfach die App Parc Ela auf das Smartphone laden. Mit dem Lösungssatz gibt es beim Hüttenwart der Keschhütte ein kleines Geschenk. Geeignet für Kinder ab acht Jahre. Mehr Infos auf www.parc-ela.ch.

❷ Bevor du den Bach überquerst, kannst du auf Schnitzeljagd gehen: In einem Felsloch neben der Strasse ist ein Geocache versteckt.

❸ Entlang des Hüttenweges findest du immer wieder Heidelbeeren, die meist ab Ende Juli reif sind. Sie wachsen zwischen giftigem Wacholder, der aber Nadeln hat und deshalb gut zu unterscheiden ist.

❹ Am Bach gibt es schöne Picknickplätze (1 Std. 30 Min ab Tuors Chants). Hast du schon ein Murmeltier gehört? Oder gesehen?

❺ Hütte in Sicht! Wo sich wohl der Hüttenmugg versteckt…?

❻ Rund um die 2001 neu gebaute Keschhütte gibt es viel Platz zum Herumtollen, Klettern und Steinmandlibauen. Mit etwas Glück kannst du Steinböcke, Wiesel oder sogar einen Bartgeier beobachten. Wer mag, kann rund um die Hütte auf OL-Tour gehen, es sind 30 Posten im Gelände verteilt. Wer alle Posten gefunden hat, erhält vom Hüttenwart eine Auszeichnung. Wer sich für die Energieversorgung der Keschhütte interessiert, lädt am besten die App «Energieweg rund um die Keschhütte» aufs Handy (Tipp: Bereits im Tal machen, da es auf der Keschhütte keinen Handy- und Internetempfang gibt). Unterhalb der Hütte ist ein Geocache versteckt. Drinnen gibt es ein separates Kinderspielzimmer mit Büchern, Spielen, Malsachen und Töggelikasten. Wer mag, macht beim Malwettbewerb mit. Kinderfinken sind vorhanden. Für die ganz Kleinen stehen eine Wickelunterlage, ein Babybett, ein Kindersitz sowie Ersatzwindeln zur Verfügung.

7 10 Minuten unterhalb der Hütte kannst du im See baden, der laut Hüttenwart im Hochsommer Badetemperatur hat – probiere es aus!

8 100 Meter neben der Hütte befindet sich ein Familienklettergarten mit Routen von 3 bis 6+. Ein Toprope kann eingerichtet werden, die Routenlänge beträgt bis zu 25 Meter. Topos gibts beim Hüttenwart.

9 Noch überschüssige Energie? Dann nichts wie los zur Erkundung des Gletschervorfelds. Mit der Parc-Ela-App «Expedition ins Land der Extreme» erfährst du, welche Tiere und Pflanzen hier zu Hause sind und erspähst mit etwas Glück ein Schneehuhn. Start ist bei der Keschhütte.

Variante

10 Unterwegs kommst du über offenes Alpgelände, wo du vielleicht auf Kühe triffst. Hier gibt es einen Brunnen mit frischem Wasser.

11 Wer sich mit regionalen Alpprodukten eindecken möchte, sollte einen Abstecher zur Alp digl Chants machen (ca. 10 Min. Gehzeit). Auf der Kuhalp wird Käse, Ziger, Joghurt und Butter verkauft.

Variante
Abstieg via Alp digl Chants nach Tuors Chants
Route: Von der Keschhütte zunächst dem Aufstiegsweg folgen, bis dieser auf die linke Seite des Bachs wechselt. Anschliessend geht es auf einfachem, breitem Weg vorbei an der Alp digl Chants hinunter nach Tuors Chants. Dieser Weg ist etwas länger, dafür aber flacher und einfacher zu gehen als der Weg auf der anderen Bachseite und damit auch ein empfehlenswerter Zustiegsweg für jüngere Kinder.

Schwierigkeit	Zeit	Distanz	Höhenmeter
T1	1 Std. 45 Min.	5 km	↗ 10 m ↘ 810 m

Im Sommer wird der Winterraum der Keschhütte zu einem Spielzimmer umfunktioniert.

Ein Bartgeierpaar brütet seit 2016 im Val Tuors und kreist regelmässig über der Keschhütte.

Bartgeier im Val Tuors

Der Bartgeier wurde früher stark gewildert und war Anfang des 20. Jahrhunderts in den Alpen ausgestorben. Ein Wiederansiedelungsprojekt kümmert sich seit den 1980er-Jahren um die Rückkehr des eleganten Seglers mit einer Flügelspannweite von bis zu 2,8 Metern. Seit einigen Jahren mehren sich die Bartgeierbeobachtungen; 220 bis 250 Tiere soll es inzwischen in den Alpen geben, 70 davon leben in der Schweiz. Im Val Tuors, oberhalb von Punt digl Tscharver, befindet sich ein Horst, der seit 2016 regelmässig bebrütet wird. Bis 2018 sind im Val Tuors drei Jungtiere aufgewachsen. Es handelt sich um das erste Nest in Graubünden ausserhalb des Engadins. Mit 20 Brutpaaren und bis zu 14 Jungtieren pro Jahr wächst die Bartgeierpopulation in der Schweiz langsam. Wichtig ist, die Geier im Horst nicht zu stören, vor allem während der Brutzeit und solange das Jungtier noch nicht selbstständig ist. Bereits längere Beobachtungen können von den Bartgeiern als Störung wahrgenommen werden. Falls du einen Bartgeier siehst: Die Stiftung Pro Bartgeier freut sich über Meldungen und Fotos. Mehr Infos auf www.bartgeier.ch.

35. **Chamanna da Boval** CAS (2495 m)

Wer Hochgebirgsluft schnuppern möchte, ist auf der Chamanna da Boval/Bovalhütte am richtigen Ort: Sie befindet sich mitten in der Berninagruppe, umgeben von Gletschern und Fels. Der Blick auf den Morteratschgletscher, den Biancograt und den Piz Palü während dem Aufstieg und von der Hüttenterrasse aus ist grossartig. Oberhalb der Hütte gibt es einen kleinen See, viele Murmeltiere und einen Klettergarten. Für den Rückweg bietet sich der Abstieg ins Val Morteratsch an, wo dich Sabi, der Gletschergeist, auf Audio-Tour mitnimmt.

Ausgangspunkt: Morteratsch (1896 m)

Anreise: Mit dem Zug nach Morteratsch. Parkplätze gibt es in der Nähe des Bahnhofs.

Route: Vom Bahnhof Morteratsch folgt man dem gut markierten Weg Richtung Chünetta. Anschliessend geht es entlang der westlichen Randmoräne des Morteratschgletschers. Im letzten Drittel führt der Weg über einige gesicherte Felsstufen hinauf zur Hütte. Kinder sollten beaufsichtigt, jüngere an die Hand genommen werden.

Schwierigkeit	Zeit	Distanz	Höhenmeter
T2+	2 Std.	5 km	↗640 m ↘40 m

Allgemeine Informationen

Kontakt
Roberto Costa
Telefon 081 842 64 03
boval@bluewin.ch
www.boval.ch

Bewartungszeiten
Mitte Juni bis Mitte Oktober

Schlafplätze
100 Plätze, davon zwei in einer kleinen Nebenhütte

Koordinaten
2 791 140/1 143 450

Karten
2521 St. Moritz, 1277 Piz Bernina

Preise
(Übernachtung und Halbpension)
SAC-Mitglieder
Erwachsene: CHF 60.–
Jugendliche (12 bis 22 Jahre): CHF 49.–

Nichtmitglieder
Erwachsene: CHF 70.–
Jugendliche (12 bis 17 Jahre): CHF 55.–

Kinder (6 bis 11 Jahre): CHF 34.–

Besonderes
Aussicht, See oberhalb der Hütte, Kinder bis sechs Jahre essen und schlafen gratis

Auf der Terrasse der Bovalhütte der Sektion Bernina hört man die Gletscher krachen.

Nicht zu übersehen: der Wegweiser zur Bovalhütte kurz nach dem Bahnhof Morteratsch.

Sehen, Erleben, Staunen

1 Zum Auftakt gibt es Zwerggeissen und einen Spielplatz: Wer nicht sofort eine Pause beim Hotel Morteratsch machen möchte, sollte ein paar Schritte weitergehen – nach dem Bahnübergang wartet Sabi, der Gletschergeist!

2 In einer Box findest du das Buch von Sabi, das du auf dem Gletscherweg zum Morteratschgletscher stempeln lassen kannst und so am Ende das Lösungswort erhältst. Falls sich in der Box kein Buch mehr befindet, erhältst du es im Hotel Morteratsch. Wer die App Bernina Glaciers herunterlädt, erfährt an den 16 Stationen mehr über Gletscher und Kultur im Val Morteratsch. Zudem kannst du entlang des Weges Geocaches suchen. Die einfache Wanderung zur Gletscherzunge dauert eine Stunde – der Abstecher kann auch am nächsten Tag in Verbindung mit der Variante unternommen werden.

3 Der Aussichtspunkt Chünetta lockt mit einer steinernen Bank (in 5 Min. erreichbar). Hier ist auch ein Geocache versteckt. Wer lieber weiter Richtung Bovalhütte wandert, findet unterwegs immer wieder Sitzbänke und flache Steine für eine Rast, meistens ebenfalls mit schöner Aussicht.

4 Auf dem schönen, blumenreichen Wanderweg entlang der Moräne überquerst du einige Bäche, die bei heissem Wetter für Abkühlung sorgen. Zudem wachsen immer wieder Heidelbeeren am Wegrand.

5 Im letzten Drittel des Weges geht es über eine Felsstufe hinauf; ein Spass für trittsichere und schwindelfreie Kinder und Eltern! Ein Drahtseil hilft, die Passage zu meistern.

6 Die Bovalhütte bietet grossartige Ausblicke auf die Gletscher und Eisriesen rund um den Piz Bernina, den östlichsten Viertausender der Alpen. Von der Terrasse aus hörst du das Krachen der Gletscher. Rund um die Hütte kannst du über Blöcke klettern, auf Murmeltiersuche gehen oder du besuchst den Bach unterhalb der Hütte. Mit etwas Glück siehst du in den Morgen- oder Abendstunden Gämsen. Auch Bartgeier oder Adler zeigen sich ab und zu. In der Hütte gibt es Bücher und Gesellschaftsspiele, einige Kinderfinken sind vorhanden. Hunde können im Nebengebäude schlafen. Von September bis Mitte Oktober wird übernachtenden Kindern bis zwölf Jahre die Halbpension geschenkt.

7 Oberhalb der Hütte befindet sich ein kleiner See, der Mutige zum (Fuss-)Bad einlädt (Wanderzeit 10 Min.).

8 Nach knapp 30 Minuten Fussmarsch erreichst du am Corn Boval einen Klettergarten mit drei Sektoren und 24 Routen zwischen 3a und 7a. Ein 50-Meter-Seil ist nötig. Nach Absprache kann Klettermaterial in der Hütte geliehen werden. Das Topo gibt es beim Hüttenwart.

Variante

9 Vom Talboden aus erreichst du die Gletscherzunge des Morteratschgletschers in knapp 40 Minuten. Da die Wanderung sehr beliebt ist, herrscht hier oft grosser Trubel. Wer den Aufenthalt im Schatten bevorzugt, besucht die Zwerggeissen des Hotels Morteratsch (siehe Punkt 1; Brot zum Füttern ist an der Rezeption erhältlich).

Variante
Hinab ins Val Morteratsch
Route: Dem Aufstiegsweg folgen, bis kurz vor dem Abzweiger zur Chünetta. Hier führt ein Weg direkt hinunter ins Val Morteratsch und auf den breiten Weg, der zur Gletscherzunge des Morteratschgletschers führt. Entweder noch zu diesem (ca. 40 Min. zusätzliche Wanderzeit) oder direkt nach Morteratsch.

Schwierigkeit	Zeit	Distanz	Höhenmeter
T2	1 Std. 30 Min.	5,4 km	↗ 5 m ↘ 605 m

Spektakuläre Aussicht: Auf der Moräne unterwegs zur Bovalhütte.

Ein Aufschwung verspricht Spass für trittsichere Kinder und nervenstarke Eltern.

Von Davos fährt das Postauto weit hinauf ins Dischmatal und macht die Wanderung zur Chamanna da Grialetsch/Grialetschhütte damit zu einer familientauglichen Unternehmung. Im Grialetschgebiet erwartet dich Natur pur: Gletscher, Seen, Bäche, Kletterfelsen und eine flache Hüttenumgebung sorgen dafür, dass grosse und kleine Entdecker bis zum Abendessen rund um die urchige Hütte viel zu tun haben. Für den nächsten Tag empfiehlt sich die Wanderung auf dem Höhenweg zur Flüelapassstrasse, von wo dich das Postauto zurück nach Davos bringt.

Ausgangspunkt: Dürrboden (2004 m)

Anreise: Vom Bahnhof Davos Dorf mit dem Bus zur Haltestelle Dischma, Dürrboden. Verkehrt fünfmal täglich von Ende Juni bis Ende September. Parkplätze gibt es bei der Bushaltestelle.

Route: Vom Dürrboden führt der Wanderweg zunächst sanft ansteigend durch offenes Gelände, später steiler bis zum Furggasee und schliesslich überwiegend flach über die Fuorcla da Grialetsch zur Grialetschhütte.

Schwierigkeit	Zeit	Distanz	Höhenmeter
T2	2 Std.	4,1 km	↗ 550 m ↘ 15 m

Allgemeine Informationen

Kontakt
Cécile und Hanspeter Reiss
Telefon 081 401 14 51
reissc@bluewin.ch
www.grialetsch.ch

Bewartungszeiten
Ende Juni bis Mitte Oktober

Schlafplätze
60 Plätze

Koordinaten
2 792 810/1 176 310

Karte
1217 Scalettapass

**Preise
(Übernachtung und Halbpension)**
SAC-Mitglieder
Erwachsene: CHF 59.–
Jugendliche (13 bis 22 Jahre): CHF 47.–
Kinder (6 bis 12 Jahre):   CHF 39.–

Nichtmitglieder
Erwachsene: CHF 71.–
Jugendliche (13 bis 17 Jahre): CHF 53.–
Kinder (6 bis 12 Jahre):   CHF 45.–

Kinder (bis 5 Jahre):   CHF 27.–

Besonderes
Hüttenseen, Kletterblöcke

Familiäre Unterkunft mit alpinem Ambiente: die Grialetschhütte der Sektion Davos.

Seit mehr als 25 Jahren Hüttenwartin auf der Grialetschhütte: Cécile Reiss.

Sehen, Erleben, Staunen

❶ Entlang des Wanderweges, der zunächst sanft ansteigt, wachsen Heidelbeeren – Vorsicht, auch giftige Wacholderbeeren gedeihen hier. Vielleicht begegnest du Pferden, Kühen und Rindern. Da es sich um Mutterkuhhaltung handelt, machst du um die Jungtiere besser einen Bogen.

❷ Zeit für eine Pause: entweder auf der Sitzbank oder am Bach, der hier munter über die Steine plätschert (1 Std. ab Dürrboden).

❸ Den griffigen Gneis des Grialetschgebietes kannst du in verschiedenen Klettergärten testen: Am Furggasee gibt es sieben Routen bis 25 Meter Länge im Schwierigkeitsgrad 3 bis 6 (20 Min. von der Hütte entfernt). Im Klettergarten ob dem See gibt es 14 Routen zwischen dem 3. und 6. Schwierigkeitsgrad und mit bis zu 50 Meter Länge (25 Min. von der Hütte entfernt). Die Hüttenblöcke bieten rund sieben Meter hohe Klettereien, es kann ein Toprope eingerichtet werden.

❹ Der Furggasee liegt wunderschön und bietet den Füssen eine herrliche Erfrischung. Für ein Bad ist er wohl zu kalt …

❺ Hast du bereits Murmeltiere entdeckt? Im Geröllfeld nach dem Furggasee fühlen sie sich besonders wohl.

6 Rund um die urchige Grialetschhütte kannst du dich austoben: Es gibt viele Kletterblöcke, einen Bach und zwei Seen, an denen du kurz vor der Hütte vorbeigewandert bist. Achtung: Im Hüttensee darf nicht gebadet werden, da er der Hütte als Trinkwasserspeicher dient. Hast du den Geocache bereits entdeckt? Mit einem Feldstecher und etwas Glück kannst du Adler, Bartgeier, Schneehühner oder Gämsen beobachten. In der Hütte gibt es Kartenspiele; wenige Kinderfinken stehen zur Verfügung. Hunde können im Holzschopf übernachten.

7 In rund 45 Minuten erreichst du den Gletscher – da dieser Spalten hat, solltest du ihn nicht ohne Gletscherausrüstung betreten.

Variante

8 Der Wanderweg überquert mehrmals Blockfelder; grosse und kleine Steine liegen hier kunterbunt gestapelt. Klettern ist erlaubt – ein wenig Vorsicht schadet nicht, da sich die Steine bewegen können.

9 Bevor es hinunter zur lauten Flüelapassstrasse geht, kommst du an einem idyllischen See und einer schönen Schwemmebene vorbei (rund 1 Std. von der Grialetschhütte entfernt). Entdeckst du Kaulquappen?

Variante
Durchs Val Grialetsch hinab zum Flüelapass
Route: Von der Grialetschhütte geht es auf einem Höhenweg über Geröllfelder zu einem See. Anschliessend führt der Wanderweg steil hinunter zur Flüelapassstrasse.

Schwierigkeit	Zeit	Distanz	Höhenmeter
T2	2 Std.	5,6 km	↗ 250 m ↘ 460 m

Endpunkt: Susch, Abzw. Schwarzhorn (2334 m)

Abreise: Mit dem Postauto nach Davos, verkehrt sechsmal täglich von Ende Juni bis Mitte Oktober.

Mutterkuhhaltung und Herdenschutzhunde – was ist zu beachten?

Beim Wandern betritt man mitunter Weiden mit Alptieren. Wenn auf das Verhalten der Tiere geachtet wird, sollten Begegnungen mit Schafen, Rindern, Mutterkühen und Herdenschutzhunden kein Problem darstellen. Trifft man auf Kühe, die gemeinsam mit ihren Kälbern weiden, handelt es sich um Mutterkuhhaltung. Diese hat in den letzten Jahrzehnten in der Schweiz an Popularität gewonnen, da sie natürlicher und artgerechter ist. Grüne Schilder weisen Wanderer unterwegs auf Weiden mit Mutterkühen hin. Da Kühe ihre Kälber vor (vermeintlichen) Angreifern verteidigen, solltest du unterwegs folgende Punkte beachten:

– Verhalte dich ruhig, halte Distanz (Kälber nicht streicheln) und mache den Tieren keine Angst. Manche Tiere – vor allem Jungvieh – sind neugierig, aber ungefährlich.
– Wenn dir Kühe den Weg versperren, bleib ruhig und wenn möglich auf dem Wanderweg. Falls der Weg versperrt ist, halte Abstand und gehe um die Herde herum. Erschrecke die Tiere nicht.
– Wenn Kühe sich aggressiv verhalten, solltest du die Weide langsam rückwärts verlassen.
– Hunde am besten an die Leine nehmen.

Schutzhunde bei Schaf- und Ziegenherden

In der Schweiz gibt es rund 200 Herdenschutzhunde, die Nutztiere auf Weiden selbstständig vor Raubtieren schützen; auch Wanderer halten diese Hunde instinktiv von der Herde fern, bis sie sicher sind, dass keine Gefahr droht. Beachte folgende Regeln, wenn du beim Wandern auf einen Herdenschutzhund triffst:

– Verhalte dich ruhig. Wenn der Herdenschutzhund bellt und dir den Weg versperrt, bleibe stehen und warte, bis sich der Hund beruhigt hat. Anschliessend umgehst du nach Möglichkeit die Herde.
– Der eigene Hund sollte angeleint und die Herde umgangen werden.
– Wenn dich der Herdenschutzhund als Bedrohung wahrnimmt, vermeide Augenkontakt mit dem Hund, drehe ihm aber nicht den Rücken zu. Ziehe dich notfalls langsam zurück.

Mehr Infos und weitere Tipps findest du auf www.wandern.ch.

Unterwegs weisen grüne Schilder auf Mutterkuhhaltung hin.

37. **Silvrettahütte** SAC (2341 m)

Wer die Silvrettahütte mit Kindern besuchen will, nimmt am besten das Taxi von Klosters und verkürzt den Zustieg damit auf zwei Stunden. Oben angekommen sollte man unbedingt den Gletscherlehrpfad unter die Füsse nehmen und die Besonderheiten des Silvrettagletschers sowie die Pflanzen- und Gesteinsvielfalt am Gletschervorfeld kennenlernen. Wer bei der Rundwanderung ins Schwitzen gekommen ist, dem sei ein Bad im Hüttensee empfohlen. Anschliessend lässt sich der Blick ins Prättigau am besten im Liegestuhl auf der Terrasse geniessen. Für einen verlängerten Aufenthalt bietet sich ein Abstecher zur unbewarteten Seetalhütte an.

Ausgangspunkt: Alp Sardasca (1648 m)

Anreise: Vom Bahnhof Klosters mit dem Gotschna-Taxi bis zur Alp Sardasca. Fährt stündlich, nur auf Voranmeldung (Telefon 081 420 20 20). Alternativ kann von Klosters auch mit dem Fahrrad zur Alp Sardasca gefahren werden, es gibt einen Velostall auf der Alp. Parkplätze sind in Klosters Monbiel (1310 m) vorhanden.

Route: Auf einem Saumpfad geht es von der Alp Sardasca zunächst flach über zwei Bäche, dann steiler hinauf ins Medjitäli und zur Hütte.

Schwierigkeit	Zeit	Distanz	Höhenmeter
T2	2 Std.	3 km	↗ 690 m

Allgemeine Informationen

Kontakt
Marco Brot
Telefon 081 422 13 06
info@silvrettahuette.ch
www.silvrettahuette.ch

Bewartungszeiten
Mitte Juni bis Mitte Oktober

Schlafplätze
69 Plätze, davon ein Vierer- und drei Sechserzimmer

Koordinaten
2 798 460 / 1 192 540

Karten
1198 Silvretta, 1197 Davos

Preise
(Übernachtung und Halbpension)
SAC-Mitglieder
Erwachsene: CHF 61.–
Jugendliche (15 bis 22 Jahre): CHF 42.–
Kinder (6 bis 14 Jahre): CHF 36.–

Nichtmitglieder
Erwachsene: CHF 73.–
Jugendliche (15 bis 17 Jahre): CHF 48.–
Kinder (6 bis 14 Jahre): CHF 42.–

Kinder (bis 5 Jahre): CHF 25.–

Besonderes
Gletscherlehrpfad, Badeseen

Die Silvrettahütte der Sektion St. Gallen wurde 1865 erbaut und ist damit die drittälteste SAC-Hütte.

Rund um die Hütte sind viele Murmeltiere zu Hause – Feldstecher gibts in der Hütte!

Sehen, Erleben, Staunen

1 Los gehts auf der Alp Sardasca – hier gibt es zur Stärkung eine Sirup-Bar am Brunnen sowie einen kleinen Kiosk.

2 Den Zustieg versüssen dir im Juli und August zahlreiche Heidelbeersträucher entlang des Weges. Zu bestaunen gibt es je nach Saison immer wieder schöne Blumen.

3 Bei der ersten grossen Kurve gibt es bei einer alten Arve einen schönen Picknickplatz (1 Std. ab Alp Sardasca).

4 Das Gelände rund um die Silvrettahütte ist perfekt zum Spielen geeignet: Es gibt Felsblöcke zum Kraxeln, einen Bach zum Stauen und einen kleinen Pool zum Planschen. Wer Murmeltiere, Steinböcke oder Gämsen beobachten möchte, kann beim Hüttenwartsteam Fernrohr und Feldstecher ausleihen. In der Hütte gibt es Spiele und Bücher. Kinderfinken sind vorhanden. Hunde können in der Winterhütte übernachten, Hundematratzen und Wolldecken stehen zur Verfügung.

5 Weisst du, was Gletschermilch ist? Nein? Dann nichts wie los auf den Gletscher-Rundwanderweg, der bei der Silvrettahütte startet. Er zeigt dir auf 15 Tafeln die Besonderheiten des Gletschervorfelds und des Gletschers auf. Du kannst beispielsweise nachlesen, wie Schnee zu Eis wird, den richtigen Weg durch das Steinlabyrinth suchen oder Murmeltiere beobachten. Vergiss also nicht, ein Feldstecher mitzunehmen. Verschiedene Tafeln weisen auf die frühere Gletscherlänge hin und machen den starken Rückgang deutlich sichtbar. Insgesamt dauert die Wanderung eine Stunde und 30 Minuten und es sind rund 300 Höhenmeter zu überwinden. Der Wanderweg ist gelb-blau markiert.

⑥ Rund um die Hütte kannst du im gut abgesicherten Gneis klettern. Beim Eselstall direkt neben der Hütte kann im Toprope geklettert werden und rund 10 Minuten entfernt sind 20 Routen zwischen dem 3. und 6. Schwierigkeitsgrad eingerichtet. Die Routen sind maximal 30 Meter lang. Das Topo findest du auf www.silvrettahuette.ch.

⑦ 15 Minuten oberhalb der Hütte befinden sich mehrere kleine Seen, die sich im Sommer auf Badetemperatur erwärmen. Also unbedingt die Badesachen einpacken!

Varianten

⑧ Mit etwas Glück und einem Feldstecher kannst du vielleicht Richtung österreichische Grenze Steinböcke beobachten.

⑨ Bei heissem Wetter lohnt es sich, die Füsse im kalten Bach zu kühlen. Entlang des Wanderweges gibt es immer wieder Blöcke zum Kraxeln.

⑩ Bei der Wegverzweigung gibt es einen schönen Aussichtsplatz mit Steinmandli, der sich für eine Pause anbietet, bevor es durch Alpenrosen und in vielen Kehren hinunter zur Alp Sardasca geht (ca. 1 Std. von der Hütte entfernt).

⑪ Wer Lust auf den Besuch einer urchigen Hütte hat, dem sei der Abstecher zur unbewarteten Seetalhütte empfohlen (siehe Abenteuer-Tipp auf der nächsten Seite).

Varianten
Über das Galtürtälli zurück zur Alp Sardasca
Route: Zunächst geht es bergauf, vorbei an den kleinen Badeseen, bis der teilweise steile Abstieg ins Galtürtälli und zur Alp Sardasca beginnt. Der Weg ist markiert, zudem sind Eisenstangen angebracht.

Schwierigkeit	Zeit	Distanz	Höhenmeter
T2	1 Std. 45 Min.	3,9 km	↗ 120 m ↘ 805 m

Silvrettahütte SAC (2341 m)

Abenteuer-Tipp: Besuch der Seetalhütte (2065 m)

Von der Alp Sardasca erreicht man nach kurzer und einfacher Wanderung die bescheiden ausgestattete Selbstversorgerhütte der Sektion Prättigau mit zwölf Schlafplätzen. Wenige Schritte von der Hütte entfernt befindet sich der Seetalsee, ein Ruderboot steht zur freien Verfügung (Informationen in der Hütte beachten). Im See darf gefischt werden, Tagespatente gibt es bei Klosters Tourismus. Auf dem Holzofen könnt ihr gemeinsam euer Abendessen kochen: Haltbares wie Teigwaren, Sauce, Rösti, Suppen etc. sind in der Hütte vorrätig, alles andere bitte selber mitbringen. Fliessendes Wasser ist vorhanden. In der Hütte gibt es viele Gesellschaftsspiele. Reservierung bei Hüttenwartin Seraina Stecher unter Telefon 081 422 54 88. Mehr Infos auf www.sac-praettigau.ch.

Schwierigkeit	Zeit	Distanz	Höhenmeter
T2	1 Std. 15 Min.	1,8 km	↗ 415 m

Hüttenromantik pur verspricht eine Übernachtung in der kleinen, urchigen Seetalhütte.

Auf 15 Tafeln erfährt man auf dem Gletscherlehrpfad Spannendes rund um den Silvrettagletscher.

Die Arvenstube aus dem Jahr 1903 gehört zu den Besonderheiten der Silvrettahütte.

38. **Martinsmadhütte** SAC (2002 m)

Ein anspruchsvoller Hüttenweg, der sich für trittsichere und schwindelfreie Kinder (und Eltern) eignet: Beim Aufstieg kommt man an tosenden Wasserfällen vorbei und überwindet steile Felsriegel. Bei der Hütte sorgen eine Slackline und eine Tyrolienne für Spass, zudem gibt es hinter der Hütte einen Gletscherbach zum Stauen. In der liebevoll eingerichteten Hütte erwarten dich eine Kinderlounge mit Büchern und geräumige Schlafräume – vielleicht spielt dir der Hüttenwart sogar etwas auf dem Alphorn vor.

Ausgangspunkt: Tschinglen-Alp (1520 m)

Anreise: Mit dem Zug bis Schwanden, weiter mit dem Sernftalbus nach Elm, Station. Von hier 15-minütiger Fussmarsch zur Luftseilbahn Elm–Tschinglen-Alp. Diese fährt von Mitte Mai bis Ende Oktober stündlich, an schönen Wochenenden im Juli und August durchgehend. Parkplätze gibt es bei der Talstation.

Route: Von der Bergstation geht es hinab zur Alp Niedern, anschliessend folgt man dem Weg, der steil über Matt und Rindermätteli zur Hütte führt. Vor allem das letzte Drittel ist sehr steil und ausgesetzt. Obwohl die abschüssigen Stellen mit Drahtseilen gesichert sind, sind Trittsicherheit und gutes Schuhwerk erforderlich. Es ist ratsam, jüngere Kinder mit dem Seil zu sichern.

Schwierigkeit	Zeit	Distanz	Höhenmeter
T3	1 Std. 45 Min.	2,5 km	↗ 550 m ↘ 75 m

Allgemeine Informationen

Kontakt
Theres und Geri Meier
Telefon 055 642 12 12
gtmeier@gmx.ch
www.martinsmadhuette.ch

Bewartungszeiten
Anfang Juni bis Anfang Oktober, im Juli und August durchgehend bewartet, im Juni und September an den Wochenenden

Schlafplätze
40 Plätze in drei Lagern, unterteilt in Zweier- und Dreiergruppen

Koordinaten
2 733 330 / 1 194 990

Karte
1174 Elm

Preise
(Übernachtung und Halbpension)
SAC-Mitglieder
Erwachsene: CHF 58.–
Jugendliche (11 bis 22 Jahre): CHF 48.–

Nichtmitglieder
Erwachsene: CHF 68.–
Jugendliche (11 bis 17 Jahre): CHF 50.–

Kinder (bis 10 Jahre):   CHF 29.–

Besonderes
Kinderlounge mit Büchern, Slackline, Tyrolienne, Gratistrinkwasser, Überraschung für jedes Kind

Bietet viel Platz zum Spielen und Entdecken inmitten einer wilden Landschaft: die Martinsmadhütte der Sektion Randen.

In der Hütte stösst man immer wieder auf liebevolle Details.

Sehen, Erleben, Staunen

1 Während der Fahrt mit der Bahn schwebst du bis zu 200 Meter über der imposanten Tschinglenschlucht. Siehst du das Martinsloch bereits?

2 Die Alp Niedern besteht aus hübschen, alten Häusern; in der Tschinglenwirtschaft kannst du dich verpflegen. Kurz nach dem Dorf gibt es eine schöne Feuerstelle.

3 Oberhalb des ersten Wasserfalls befindest du dich auf einer Hochebene; hier kannst du gefahrlos am Bach spielen und picknicken (45 Min. von der Bergstation entfernt).

4 Hinter der Martinsmadhütte ist das Gelände flach und bietet mehrere Highlights: Eines davon ist sicher die Tyrolienne, daneben gibt es eine Slackline und einen Bach zum Stauen, Steinmandlibauen und Füssebaden (Achtung kalt!). Wer Glück hat, kann rund um die Hütte Steinböcke, Murmeltiere, Gämsen, Schneehühner und -hasen, Adler oder Bartgeier beobachten. Feldstecher und Fernglas stehen zur Verfügung. Beim Nebenhüttli ist ein Geocache versteckt. In der liebevoll eingerichteten Hütte befindet sich im zweiten Stock eine Kinderlounge mit Büchern und Sitzgelegenheiten, im Gastraum findest du Gesellschaftsspiele, eine Malbox und eine Gitarre. Vielleicht spielt dir Geri, der Hüttenwart, sogar etwas auf dem Alphorn vor? Ebenfalls speziell ist der Brunnen mit Trinkwasser, der sich im Eingangsbereich der Hütte befindet. Kinderfinken sind vorhanden, Hunde können nach Absprache von Sonntag bis Freitag gemeinsam mit dem Herrchen im Winterraum übernachten. Tipp des Hüttenwarts für Sonnenliebhaber: Im Sommer vorbeikommen, im Herbst erhält die Hütte nur wenig Sonne.

5 100 Meter neben der Hütte ist ein Familienklettergarten mit Routen bis zum 3. Schwierigkeitsgrad eingerichtet. Die Routen sind am Fels mit blauen Punkten markiert. Das Topo ist in der Hütte aufgehängt. Klettermaterial kann auf Anfrage geliehen werden.

6 Rund 20 Minuten oberhalb der Hütte befindet sich eine Bank, auf der du in Ruhe das Martinsloch betrachten kannst.

Variante

7 Nur für Schwindelfreie und Trittsichere: An einigen Orten ist die Tschinglenschlucht gut einsehbar und bietet eindrückliche Tiefblicke. Konzentration ist also angesagt! Mehrere Tafeln der «Expedition Tschinglen» informieren über die Besonderheiten der Tektonikarena Sardona. In der Schlucht wanderst du an 35 bis 50 Millionen alten Gesteinen vorbei, die einst am Meeresgrund lagen; darunter befinden sich Flyschgesteine, die aus geschichteten Sandsteinen und Tonschiefern bestehen. Dies ist besonders nach starken Regenfällen nicht zu übersehen …

8 Hast du das Tier entdeckt, das aus einem Baumstrunk geschnitzt wurde?

Variante
Abstieg durch die Tschinglenschlucht nach Elm

Route: Statt wiederum die Bahn ins Tal zu nehmen, können ausdauernde Familien durch die Tschinglenschlucht absteigen. Zunächst geht es dem Aufstiegsweg entlang bis zur Alp Niedern, hier führt der teilweise steile und ausgesetzte Weg durch das Schiefergestein entlang der Schlucht, zum Schluss über eine Wiese hinunter zur Talstation. Einige Stellen sind mit Ketten gesichert, jüngere Kinder sollten gut beaufsichtigt oder an die Hand genommen werden.

Schwierigkeit	Zeit	Distanz	Höhenmeter
T2+	2 Std. 15 Min.	4,7 km	↗ 340 m ↘ 1000 m

Endpunkt: Elm, Talstation Tschinglenbahn (1038 m)

Abreise: Zu Fuss (15 Min.) nach Elm, Station, mit dem Bus nach Schwanden und weiter mit dem Zug.

Wie kommt das Loch in die Felswand?

Das Martinsloch ist das Wahrzeichen von Elm; jeweils im Frühling und im Herbst scheint die Sonne durch das Loch auf den Elmer Kirchturm. Doch wie ist das Loch entstanden? An den Tschingelhörnern, wo sich das Martinsloch befindet, sind mit blossem Auge verschiedene Gesteinsschichten erkennbar. Dabei handelt es sich um zwei Platten, die sich vor Millionen von Jahren übereinandergeschoben haben und bei der Alpenbildung nach oben gedrückt wurden. Die dunklere Schicht, das Flyschgestein, erodierte – so entstand das Martinsloch. Rund um Elm ist die sogenannte Glarner Hauptüberschiebung sehr gut erkennbar. 2008 wurde die Region als Tektonikarena Sardona ins UNESCO-Welterbe aufgenommen, da sich nirgends sonst auf der Erde die Gebirgsbildung so anschaulich zeigt wie hier. Auf dem Weg durch die Tschinglenschlucht und dem Weiterweg zum Firstboden sind mehrere Tafeln angebracht, die das Phänomen erklären. In Elm gibt es ein UNESCO-Besucherzentrum im ehemaligen Schulhaus; es ist täglich geöffnet und vermittelt auf spannende Art Hintergründe zur Glarner Hauptüberschiebung. Ebenfalls empfehlenswert ist ein Besuch der Schiefertafelfabrik in Elm. Infos gibts auf auf www.elm.ch.

Für Schwindelfreie: Im letzten Drittel der Wanderung zur Martinsmadhütte wird es steil und ausgesetzt.

Beim Martinsloch ist die Glarner Hauptüberschiebung gut mit blossem Auge zu erkennen.

39. **Spitzmeilenhütte** SAC (2087 m)

Im Norden die Churfirsten, im Süden der Spitzmeilen: Auf der Wanderung zur Spitzmeilenhütte erlebt man dank Gondelbahn bereits zu Beginn fantastische Aussichten. Die Zustiegsmöglichkeiten sind zahlreich: über das Sächserseeli, die Alp Fursch oder doch lieber durch das Moor auf dem einfachsten Weg zur Hütte? Als Abstiegsvariante bietet sich eine Fahrt mit der Sommerrodelbahn nach Tannenbodenalp an. Im Sommer ist die Spitzmeilenhütte dank ihrer Lage am Flumserberg ein Besuchermagnet. Für Kinder besonders reizvoll sind die Bergbäche, die Hüttenhühner und die Geissen, die unterhalb der Hütte gesömmert werden.

Ausgangspunkt: Maschgenkamm (2020 m)

Anreise: Mit dem Postauto vom Bahnhof Sargans zur Haltestelle Flumserberg, Kabinenbahn. Der Bus verkehrt im Sommerhalbjahr stündlich. Alternativ vom Bahnhof Unterterzen mit der Luftseilbahn nach Tannenbodenalp. Hier weiter mit der Gondelbahn Tannenbodenalp hinauf zum Maschgenkamm (diese ist von Anfang Juni bis Ende Oktober von 8.00 bis 17.00 Uhr in Betrieb, Kinder bis zwölf Jahre fahren gratis). Parkplätze gibt es bei den Talstationen.

Route: Von der Bergstation Maschgenkamm führt der Weg zur Zigerfurggl, hinab nach Calans und leicht aufsteigend über Alpweiden zur Spitzmeilenhütte.

Schwierigkeit	Zeit	Distanz	Höhenmeter
T2-	2 Std. 15 Min.	7 km	↗ 260 m ↘ 180 m

Allgemeine Informationen

Kontakt
Esther und Roland Beeler
Telefon 081 733 22 32
info@spitzmeilenhuette.ch
www.spitzmeilenhuette.ch

Bewartungszeiten
Anfang Juni bis Ende Oktober

Schlafplätze
50 Plätze, davon zwei Vierer-, zwei Sechser- und vier Achterzimmer

Koordinaten
2 737 700/1 210 852

Karte
1154 Spitzmeilen

Preise
(Übernachtung und Halbpension)
SAC-Mitglieder
Erwachsene: CHF 64.–
Jugendliche (12 bis 22 Jahre): CHF 52.–
Kinder (6 bis 11 Jahre):   CHF 42.–

Nichtmitglieder
Erwachsene: CHF 75.–
Jugendliche (12 bis 17 Jahre): CHF 56.–
Kinder (6 bis 11 Jahre):   CHF 45.–

Kinder (bis 5 Jahre):   CHF 25.–

Besonderes
Hüttenhühner, Bergbäche,
Hochstuhl für Kinder

2007 neu erbaut mit viel Platz innen und aussen: die Spitzmeilenhütte der Sektion Piz Sol.

Der Bach neben der Hütte ist ein Paradies für Kinder. Im Hintergrund der Spitzmeilen.

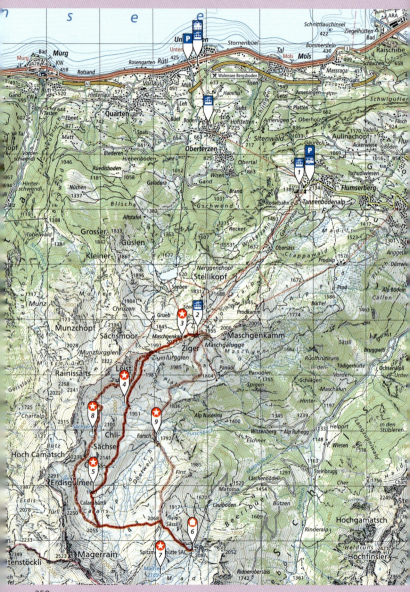

Stockenten auf knapp 2100 Meter: Im warmen Sächserseeli fühlen sich die Vögel pudelwohl.

40. **Sardonahütte** SAC (2158 m)

Wer die Sardonahütte besucht, fühlt sich wie im Hochgebirge: Der Wanderweg führt durch Alpgelände mit toller Flora, vielen Bächen und Wasserfällen hinauf Richtung Felsen und Gletscher der höchsten St. Galler Berge. Empfehlenswert sind der Besuch des romantischen Walserdörfchens St. Martin und ein Abstecher zur dicksten Rottanne der Welt. Da bis zur Hütte einige Kilometer zu bewältigen sind, eignet sich die Wanderung eher für ältere oder ausdauernde Kinder (und Erwachsene).

Ausgangspunkt: Gigerwald, Staudamm (1336 m) oder St. Martin (1340 m).

Anreise: Mit dem Postauto vom Bahnhof Bad Ragaz zur Haltestelle Gigerwald, Staudamm. Verkehrt viermal täglich von Anfang Juni bis Anfang September. Parkplätze gibt es in St. Martin. Die Zufahrt mit dem Auto ist jeweils zur vollen Stunde für 20 Minuten möglich, die Rückfahrt jeweils zur halben Stunde für 20 Minuten. Von 18.00 bis 9.00 Uhr freie Fahrt.

Route: Vom Staudamm entlang der Fahrstrasse nach St. Martin (Vorsicht in den Tunneln bei Autoverkehr). Anschliessend geht es über eine Forststrasse bis zum Bergrestaurant Alp Sardona (bis hier kann auch mit dem Mountainbike gefahren werden). Anschliessend führt der Wanderweg steiler in einer guten Stunde hinauf zur Sardonahütte.

Schwierigkeit	Zeit	Distanz	Höhenmeter
T2	4 Std. (ab Staudamm)	11 km	↗ 880 m ↘ 60 m
T2	3 Std. (ab St. Martin)	8 km	↗ 850 m ↘ 30 m

Allgemeine Informationen

Kontakt
Helen und Beat Jäger
Telefon 081 306 13 88
jaeger.beat@bluewin.ch
www.sardonahuette.ch

Bewartungszeiten
Von Juli bis Mitte September durchgehend, im Juni und von Mitte September bis Mitte Oktober am Wochenende oder auf Anfrage

Schlafplätze
46 Plätze, davon ein Lager mit vier Plätzen

Koordinaten
2 739 910 / 1 197 680

Karte
1174 Elm

Preise
(Übernachtung und Halbpension)
SAC-Mitglieder
Erwachsene: CHF 58.–
Jugendliche (11 bis 22 Jahre): CHF 45.–
Kinder (bis 10 Jahre):   CHF 34.–

Nichtmitglieder
Erwachsene: CHF 68.–
Jugendliche (11 bis 17 Jahre): CHF 49.–
Kinder (bis 10 Jahre):   CHF 38.–

Besonderes
Barfussweg mit Tümpel, Sardonagletscher, Ermässigung für das dritte Kind

Die Sardonahütte der Sektion Zindelspitz liegt auf einer Aussichtsterrasse im wilden Calfeisental.

Eindrücklich: Gletschertor beim Sardonagletscher, 45 Minuten von der Hütte entfernt.

Sehen, Erleben, Staunen

❶ Die imposante Staumauer des Gigerwaldsees ist 147 Meter hoch; das Wasserkraftwerk kann von Mai bis Oktober besichtigt werden. Infos zu den Führungen gibt es bei der Kraftwerke Sarganserland AG unter Telefon 081 303 56 11.

❷ Ein Besuch der über 700 Jahre alten Walsersiedlung St. Martin entführt in die Vergangenheit: kleine Holzhäuser, eine Wassermühle mit See, der zum Füssebaden einlädt, Kieswege, Blumentöpfe, die kleine Kirche und ein Restaurant mit frischem Brot aus dem Holzofen.

❸ Wie viele Menschen sind nötig, um die dickste Rottanne der Welt zu umfassen? Die Weltrekord-Fichte ist 33 Meter hoch und hat einen Durchmesser von 1,84 Meter. Sie steht oberhalb von St. Martin auf 1580 Meter. Für den Besuch ist mit einer zusätzlichen Wanderzeit von ca. 40 Minuten zu rechnen. Statt wieder nach St. Martin abzusteigen, kannst du taleinwärts Richtung Schwamm wandern, wo du wieder auf den Weg zur Sardonahütte triffst (insgesamt rund 40 Min. längere Wanderzeit). Für Rätselfans: Beim Parkplatz St. Martin beginnt ein Multicache, der zur Fichte führt.

❹ Unterwegs informieren insgesamt acht Tafeln über die Geschichte der Walser. Die Tamina und ihre Zuflüsse laden zum Spielen und Picknicken ein. Spätestens beim Brennboden sollte man eine Pause einlegen: Bei den Alphütten gibt es mehrere Bänke mit schöner Aussicht auf die andere Talseite (2 Std. ab der Staumauer).

5 Am Ende der Forststrasse befindet sich das Alprestaurant Sardona (rund 2 Std. 40 Min. ab der Staumauer). Auch hier lockt der Bach zum Spielen. Oberhalb der Alp ist unter Steinen ein Geocache versteckt.

6 Hast du gezählt, wie viele Brücken du bisher überquert hast? Den Schlussspurt zur Sardonahütte kannst du dir mit Heidelbeeren versüssen (15 Min. von der Hütte entfernt)

7 Die Sardonahütte befindet sich inmitten des UNESCO-Welterbes Tektonikarena Sardona, in dem die Entstehung des Gebirges besonders gut sichtbar ist (siehe auch Martinsmadhütte auf Seite 250). Rund um die Hütte gibt es viel Platz zum Spielen. Oberhalb der Hütte bieten ein Barfussweg und ein Tümpel Erfrischung für müde Beine. Rund um die Hütte gibt es Murmeltiere, mit etwas Glück kannst du Hirsch, Bartgeier oder Adler beobachten. Abends sind oft Steinböcke in der Hüttenumgebung zu sehen. Übrigens wurde der Steinbock vor über 100 Jahren im benachbarten Weisstannental wiederangesiedelt und eroberte von hier aus den ganzen Schweizer Alpenraum. In der Hütte gibt es einen Schrank mit Spielen, zudem sind Malsachen und Legosteine vorhanden. Auch Kinderfinken gibt es. Hunde können im Holzlager schlafen.

8 Der Sardonagletscher ist von der Hütte in rund 45 Minuten auf markiertem Weg erreichbar. Oben angekommen hast du eine schöne Aussicht und kannst das Gletschertor bewundern. Erkundige dich am besten beim langjährigen Hüttenwart Beat Jäger nach der aktuellen Situation.

Variante

9 Auf dem Abstiegsweg kannst du wiederum Brücken zählen und kommst an schönen Wasserfällen vorbei. Für eine Pause bietet sich die Hintere Ebni an, wo sich ein Brunnen mit Gipfelkreuz bei der Alphütte befindet (rund 1 Std. ab Sardonahütte).

10 Bei der Vorderen Ebni gibt es eine schöne Wiese, hier triffst du vielleicht auf Mutterkühe. Das Walserhaus, das sich hier befindet, soll im Jahr 1515, während der Siedlungszeit der Walser, erbaut worden sein (1 Std. 40 Min. ab Sardonahütte).

11 Kurz vor St. Martin kannst du nochmals die Tamina besuchen und die Füsse im kalten Wasser baden (2 Std. 30 Min. ab Sardonahütte).

Variante
Entlang von Wasserfällen zurück zum Gigerwaldsee
Route: Auf dem Aufstiegsweg hinunter zur Alp Sardona. Kurz vor dieser zweigt der Wanderweg zur Hinteren Ebni ab. Mit einigen Gegenanstiegen geht es über die Vordere Ebni, nach Tüfwald und zuletzt hinunter nach St. Martin. Von hier entlang der Strasse zum Staudamm des Gigerwaldsees.

Schwierigkeit	Zeit	Distanz	Höhenmeter
T2	2 Std. 30 Min. (bis St. Martin)	8 km	↗ 130 m ↘ 950 m
T2	3 Std. 15 Min. (bis zum Staudamm)	11 km	↗ 170 m ↘ 990 m

Die Walser im Calfeisental

Die Walser stammten aus dem Oberwallis – daher auch der Name – und wanderten im 12. und 13. Jahrhundert von dort in alle Himmelsrichtungen: im Norden besiedelten sie das Berner Oberland, im Westen das Chablais, im Süden die Täler südlich des Monte-Rosa-Massivs und im Osten gelangten sie über den Furkapass und den Oberalppass nach Graubünden und weiter bis nach Vorarlberg, wo das Grosse und Kleine Walsertal heute noch von ihnen zeugen. Da die Talböden mit den guten Weideflächen zu dieser Zeit bereits besiedelt waren, liessen sich die Walser in unwirtlichen Gebirgsregionen nieder, wo sie unter erschwerten Bedingungen Viehwirtschaft betrieben.

Das Calfeisental besiedelten die Walser Anfang des 14. Jahrhunderts. Sie kamen von Süden über die Trinsa Furgga und erschlossen das Tal von oben. Ihre Höfe bauten sie auf der linken, weniger steilen Talseite. Die Kirche in St. Martin wird erstmals 1432 urkundlich erwähnt. Zur Blütezeit lebten ca. 100 Personen in zwölf Familien im Tal. Ab Mitte des 15. Jahrhunderts wanderten die Walser jedoch in andere Täler und talauswärts ab, da die Bedingungen im Calfeisental zu rau waren: Es gab in den Wintermonaten kaum Sonnenlicht, zudem waren die Ansiedlungen im Winter Lawinen ausgesetzt, da die Walser Wälder für die Viehwirtschaft gerodet hatten. Auch lag das Tal sehr abgeschieden und der Zugang über die Pässe war beschwerlich, was den Austausch von Waren schwierig machte. 1652 verliessen die letzten Calfeiser St. Martin. Ein Förderverein kümmert sich seit 2003 um die Pflege des Walsertums im Tal und um den Erhalt des Dorfes.

Das 700 Jahre alte Walserdorf St. Martin entführt in die Vergangenheit.

41. Hundsteinhütte SAC (1554 m)

Idyllische Alpen und Seen, Felsspitzen, Karstspalten, Wanderautobahnen und einsame Höhlen: Ein Besuch im Alpstein ist voller Gegensätze. Und bietet dank der guten Erschliessung schier endlose Möglichkeiten. Es lohnt sich, mehrere Tage zu bleiben, neben der Hundsteinhütte auch die Zwinglipasshütte zu besuchen und anschliessend nach Wildhaus weiterzuwandern. Ein Besuch der Furgglenhöhle ist zu empfehlen, sofern sich Lampe und Ersatzkleidung im Gepäck befinden. Verlässt man die breiten Wanderwege, schadet ein wenig Vorsicht nicht: Es gibt zwar viele kinderfreundliche Wege, aber auch Kalkstufen und ausgesetzte Stellen.

Ausgangspunkt: Brülisau (921 m)

Anreise: Vom Bahnhof Weissbad mit dem Postauto nach Brülisau, Kastenbahn. Parkplätze gibt es bei der Talstation der Kastenbahn oder in Pfannenstiel (20 Min. kürzerer Zustieg).

Route: Der Strasse entlang geht es zunächst nach Pfannenstiel, anschliessend steiler auf einer Alpstrasse durch das Brüeltobel zum Plattenbödeli am Sämtisersee. Über offenes Alpgelände führt der Wanderweg, zuletzt durch steileres Geröll, zum Fählensee. Die Hundsteinhütte liegt 15 Minuten oberhalb des Sees.

Schwierigkeit	Zeit	Distanz	Höhenmeter
T2	2 Std. 45 Min.	7 km	↗ 700 m ↘ 70 m

Allgemeine Informationen

Kontakt
Peter Ehrbar
Telefon 071 799 15 81
info@hundstein.ch
www.hundstein.ch

Bewartungszeiten
Mitte Mai bis Mitte Oktober

Schlafplätze
44 Plätze in drei Lagern

Koordinaten
2 750 140/1 235 660

Karte
1115 Säntis

Preise
(Übernachtung und Halbpension)
SAC-Mitglieder
Erwachsene: CHF 60.–
Jugendliche (14 bis 22 Jahre): CHF 48.50

Nichtmitglieder
Erwachsene: CHF 69.50
Jugendliche (14 bis 17 Jahre): CHF 53.50

Kinder (6 bis 13 Jahre): CHF 16.–
plus CHF 2.50
pro Altersjahr

Kinder (bis 5 Jahre): CHF 20.–

Besonderes
Boulderwand, Slackline

Familienziel im wilden Alpstein: die Hundsteinhütte der Sektion Säntis.

Kühe und Kalkwände soweit das Auge reicht: willkommen im Alpstein!

Zustieg Hundsteinhütte plus Variante 1.

Von der Hundsteinhütte über die Zwinglipasshütte nach Wildhaus (Variante 2).

Sehen, Erleben, Staunen

①② Bei Pfannenstiel und auf dem Weg zum Plattenbödeli sind einfache Geocaches versteckt.

③ Das Berggasthaus Plattenbödeli bildet die Eingangspforte zum offenen und flachen Alpgelände, das nun folgt (1 Std. 20 Min. ab Brülisau). Hier gibt es eine schöne Terrasse, einen Spielplatz sowie einige Esel. Auch Alpkäse wird verkauft.

④ Wer eine Rast am Sämtisersee vorzieht, erreicht diesen in zehn Minuten Abstieg vom Plattenbödeli. Hier gibt es viel Platz zum Spielen, je nach Wasserstand auch zum Baden. Das Fischen ist, ausser an Sonn- und Feiertagen, erlaubt, Patente sind bei der kantonalen Jagd- und Fischereiverwaltung in Appenzell erhältlich.

⑤ Bevor es noch einmal steiler wird, bietet sich eine kurze Spiel- und Planschpause am Bach an (2 Std. 10 Min. ab Brülisau).

⑥ Der Fählensee sieht wunderschön aus und ein Bad darin erfrischt herrlich. Wie im Sämtisersee ist auch hier das Fischen erlaubt. Wer gerne auf Schatzsuche geht: In der Nähe des Gasthauses Bollenwees – hier gibt es übrigens einen schönen Sandkasten – ist ein Geocache versteckt.

⑦ Die Hundsteinhütte ist nach kurzem Anstieg vom Fählensee erreicht. Sie liegt in einem lichten Wald am Hang. Direkt hinter der Hütte sind einfache Kletterrouten gebohrt. Seile können ausgeliehen werden. Im Nebengebäude gibt es eine kleine Boulderwand, neben der Hütte eine Slackline. In der Hütte warten Gesellschaftsspiele, Bücher und Malsachen auf dich. Rund um die Hütte lassen sich Steingeissen, Gämsen, Murmeltiere, Adler und Kröten beobachten. In der Hütte sind Kinderfinken und ein Trocknungsraum vorhanden. Hunde können im Nebengebäude übernachten.

⑧ Der Klettergarten Widderalpstöck bietet gut eingerichtete Plattenklettereien zwischen 3a und 6a. Die Zustiegszeit ab Hundsteinhütte beträgt rund 35 Minuten, das Topo ist im SAC-Kletterführer Alpstein zu finden.

Variante 1: über Rainhütten zurück nach Brülisau

⑨ Oberhalb der Furgglenalp, wo Milch und Käse verkauft werden, liegt eine Höhle, die von kleinen und grossen Speläologen besucht werden kann (ca. 30 Min. von der Hundsteinhütte entfernt). Infos zum Zugang gibt es auf der Alp Furgglen. Lampe und schmutzunempfindliche Kleidung nicht vergessen!

⑩ Auf der Alp Rainhütte kann beim Käsen zugesehen werden und natürlich Alpkäse und Mutschli gekauft werden.

⑪ Auch auf der Alp Soll wird Käse in verschiedenen Varianten gemacht, zudem gibt es Joghurt zu kaufen.

⑫ Beim Berggasthaus Ruhesitz locken ein Spielplatz mit Trampolin und Zwerggeissen. Wer mag, kann anschliessend mit dem Trottinett nach Brülisau hinunterfahren.

Variante 2: Weiterwanderung zur Zwinglipasshütte und nach Wildhaus

⑬ Die Fählenalp an der Südseite des Fählensees ist ein Kinderparadies: Hier gibt es Blöcke zum Kraxeln, Geissen, Käse, ein kleines Beizli, einen Brunnen und natürlich den Fählensee zum Baden.

⑭ Wer hat bereits ein Murmeltier gesichtet?

⑮ Der Klettergarten in der Nähe der Zwinglipasshütte (10 Min. Zustieg) bietet familienfreundliche Routen von einfach bis anspruchsvoll. Topo und Infos gibt es auf www.sac-toggenburg.ch/clubhuette.

⑯ Die 2017 umgebaute Zwinglipasshütte verfügt über 42 Plätze in vier Lagern sowie ein Dreierzimmer und ist der ideale Stützpunkt für alle, die gerne Tiere beobachten. In der Nähe lebt eine Steinbockkolonie mit 30 Tieren, zudem kann man mit etwas Glück Gämsen, Murmeltiere, Fuchs und Schneehühner sehen. In der Hütte gibt es Malsachen und Gesellschaftsspiele. Die Hütte ist in den Sommer- und in den Herbstferien durchgehend, ansonsten jeweils von Freitag bis Sonntag und für Gruppen ab acht Personen auf Anfrage bewartet. Die Bewartung erfolgt durch Sektionsmitglieder. Kinderfinken sind vorhanden.

⑰ Für fortgeschrittene Geocacher: Oberhalb der Hütte befindet sich ein Versteck, umgeben von Steinmandli.

⑱ Die Alp Tesel eignet sich für einen Zwischenstopp: Hier gibt es Kühe, Hühner, Schweine, ein Alpbeizli und natürlich Käse.

⑲ Für den schnellen Abstieg nach Wildhaus empfiehlt sich der steile Weg durch das Flüretobel. Wer lieber mit Bahn oder Trottibike ins Tal rauscht, wandert weiter bis Gamplüt.

⑳ Rund um Wildhaus und Richtung Gamplüt sind mehrere Schlumpf-Geocaches versteckt.

Beim Plattenbödeli trifft man auf Esel, weiter unten lockt der Sämtisersee.

Varianten
Von der Hundsteinhütte über Rainhütten zurück nach Brülisau
Route: Von der Hundsteinhütte zum Restaurant Bollenwees und von hier auf einfachem Weg über die Alp Furgglen, Rainhütten und Brüllenstein nach Ruhesitz und hinunter nach Brülisau.

Schwierigkeit	Zeit	Distanz	Höhenmeter
T2	2 Std. 45 Min.	9,6 km	↗150 m ↘775 m

Von der Hundsteinhütte zur Zwinglipasshütte Toggenburg (1999 m) und nach Wildhaus
Route: Von der Hundsteinhütte geht es hinab zum Fählensee und diesem entlang zur Fählenalp. Anschliessend steigt der Wanderweg zum Zwinglipass, wo sich die Hütte befindet (Wanderzeit zur Hütte: 2 Std. 15 Min.). Wer mag, kann in der umgebauten Sektionshütte übernachten und den Abstieg nach Wildhaus auf den nächsten Tag verschieben.

Schwierigkeit	Zeit	Distanz	Höhenmeter
T2	4 Std. 15 Min.	9,3 km	↗150 m ↘775 m

Endpunkt: Wildhaus (1090 m)

Abreise: Mit dem Postauto von Wildhaus, Dorf, zum Bahnhof Nesslau. Verkehrt stündlich.

In der Nähe der Zwinglipasshütte der Sektion Toggenburg lebt eine Steinbockkolonie, die oft von der Terrasse aus beobachtet werden kann.

Der Fählensee und die gleichnamige Alp und in der Bildmitte der Zwinglipass.

Bildnachweis

Archäologischer Dienst des Kantons Bern, Albert Hafner: S. 77 unten

Archäologischer Dienst des Kantons Bern, Kathrin Glauser: S. 77 oben

Arnold, Carla: S. 63 unten

Barblan, Reto: S. 230, S. 231

Biner, Franziska: S. 51 unten

Blöchlinger, Brigitta: S. 205, S. 206

Braxmaier, Hubert: S. 199, S. 203 oben

Brot, Marco: S. 245, S. 249 oben

Bühler, Beat: S. 221 oben

Crameri, Annamaria: S. 209 unten, S. 213

Feuz, Yvonne: S. 87 oben, S. 88, S. 90, S. 91

Gehri, Matthias: S. 203 unten

Gwerder, Franziska: S. 193 oben

Heidiland Tourismus, Martin Kessler: S. 267

Heiniger, Katja: S. 85 unten

Homberger, Ruedi: S. 255 unten

Hostettler, Jon: S. 120

Hotz, Maïthé und Claude: S. 36

Jäger, Beat: S. 263

JeanRichard, Eveline: S. 209 oben

Kröntenhütte: S. 175 unten

Kunz-Waser, Franziska: S. 182

Marti, Andrea: S. 149

Perret, Christian: S. 145, S. 148

Püntener, Marc: S. 163, S. 167

SAC: S. 63 oben

Schläppi, Peter: S. 105 oben

Schmid, Monika: S. 73 unten

Schwaiger, Heidi: S. 8, S. 17, S. 20, S. 23 oben, S. 27, S. 41, S. 45, S. 51 oben, S. 55, S. 79, S. 83, S. 85 oben, S. 93, S. 94, S. 96, S. 97, S. 99, S. 100, S. 103, S. 105 unten, S. 108, S. 109, S. 111 oben, S. 115, S. 127, S. 130, S. 131, S. 133 oben, S. 136, S. 158, S. 161, S. 166, S. 173, S. 181 unten, S. 191 oben, S. 197, S. 215 unten, S. 219, S. 221 unten, S. 222, S. 225, S. 227, S. 236, S. 239, S. 243, S. 255 oben, S. 261, S. 269, S. 273, S. 275

Schwaiger, Marcel: S. 11, S. 23 unten, S. 87 unten, S. 111 unten, S. 133 unten, S. 134, S. 137, S. 139, S. 143, S. 151, S. 155, S. 157, S. 160, S. 181 oben, S. 185, S. 187, S. 191 unten, S. 193 unten, S. 215 oben, S. 233, S. 237, S. 251, S. 257

Schweizer, David: S. 7, S. 35, S. 39, S. 47, S. 48, S. 57, S. 61, S. 67, S. 71, S. 73 oben, S. 175 oben, S. 218, S. 249 unten

Stecher, Seraina und Guler, Andrea: S. 248

Stoppani, Sven: S. 117, S. 121

Team Cadlimo: S. 123, S. 125

Walker, Richard: S. 169

Wyrsch, Irene: S. 179

Luftig: Die 170 Meter lange Triftbrücke ist ein beliebtes Ausflugsziel.

Literaturverzeichnis

Alpenverein Südtirol, Deutscher Alpenverein, Österreichischer Alpenverein:
Mit Kindern auf Hütten 2016/17, Neubearbeitung 2016.

Balmer, Dres: Wanderziel Hütte. Ein Kulturführer zu 50 SAC-Hütten, SAC Verlag 2006.

CSS Versicherung/Schweizer Alpen-Club SAC:
Über alle Berge. Unvergessliche Wander- und Hüttenerlebnisse, 2017.

Deutscher Alpenverein: Wandern und Bergsteigen mit Kindern, München 2015.

Donatsch, Peter: Die 100 schönsten Hüttenziele der Schweizer Alpen, AT-Verlag 2000.

Eidg. Forschungsanstalt für Wald, Schnee und Landschaft WSL: (diverse Seiten)
https://www.wsl-junior.ch/de/landschaft/landschaft-verstehen, 13.8.2018.

Familienleben.ch: Geocaching in der Schweiz: Wie Sie auf Schatzsuche mit dem GPS
gehen. https://www.familienleben.ch/freizeit/spielen/geocaching-in-der-schweiz-2463,
1.5.2018.

Flückiger-Seiler, Roland: 150 Jahre Hüttenbau in den Alpen. 2. Teil. Eschenmoser
und neue Experimente. In: Die Alpen, 8/2009, S. 26 ff.

Grande Dixence SA: www.grande-dixence.ch (diverse Seiten), 12.9.2018.

Giacomello, Francesco: Wildhorn Rundtour Teil 2 Geltenhütte – Wildhornhütte –
Iffighorn – Iffigenalp (31.7.2013), http://www.wanderblog.giacomello.ch/31/07/2013/
wildhorn-rundtour-teil-2-geltenhutte-wildhornhutte-iffighorn-iffigenalp, 22.5.2018.

Hafner, Albert: Schnidejoch und Lötschenpass. Archäologische Forschungen in den
Berner Alpen/Schnidejoch et Lötschenpass. Investigations archéologiques dans les
Alpes bernoises, Band 1, Bern 2015.

Hohsaas Bergbahnen Saas-Grund: Spiel, Spass & Spannung.
https://www.hohsaas.info/de/sommer/familien.html, 21.5.2018.

Hohsaas Bergbahnen Saas-Grund:
https://www.hohsaas.info/de/sommer/aktivitaeten.html, 21.5.2018.

Ihle, Jochen: Erlebniswanderungen Schweiz, Werd & Weber Verlag 2016.

Kundert, Remo/Hochrein, Werner: Bergfloh 3. Berner Oberland und Wallis. Rotpunktverlag 2009.

Kundert, Remo/Hochrein, Werner: Bergfloh. Die schönsten Berg- und Hüttenwanderungen mit Kindern in der Schweiz, Rotpunktverlag 2016.

Michel, Susanna: Triftgletscher ist Forschungsfeld der EU (21.7.2010). https://www.bernerzeitung.ch/region/thun/triftgletscher-ist-forschungsfeld-der-eu/story/15777262, 13.6.2018.

Ochsenbein, Gaby: Europas längste Hängebrücke über Gletschersee (22.7.2005). https://www.swissinfo.ch/ger/europas-laengste-haengebruecke-ueber-gletschersee/4631170, 13.6.2018.

Office du Tourisme de Chamoson: Über den Dächern von Chamoson, https://www.chamoson.ch/de/uber-dachern-chamoson.html (10.9.2018).

Piora Centro Biologia Alpina: Cadagnosee. http://cadagno.ch/index.php?node=304&lng=4&rif=d9e33d99df (31.5.2018).

Ricola: Ricola-Kräutergärten. https://www.ricola.com/de-ch/erleben/krautergarten, 23.5.2018.

Schwegler, Urs: Was sind Schalensteine?, SSDI 2016.

Scheidegger, Christoph: Eine Wanderung zu versteckten Überlebenskünstlern, SAC Am Albis 2014.

Schweizerisches Steindenkmälerinventar SSDI: Inventar der Kulturgütergruppe Steindenkmäler der Schweiz. http://www.ssdi.ch/Inventar/Katalog.htm#_1_745, 8.10.2018.

Schweizer Alpen-Club SAC: Höhenflüge. Familienfreundliche SAC-Berghütten, 2011.

Schweizer Wanderwege: Denti della Vecchia. Die Zähne der Alten. https://www.wandern.ch/download.php?id=5597_2c9d739b, 4.6.2018.

Schweizer Wanderwege:
https://www.wandern.ch/de/wandern/sicher-unterwegs/herdenschutzhunde,
24.7.2018.

Schweizer Wanderwege:
https://www.wandern.ch/de/wandern/sicher-unterwegs/mutterkuhherden,
24.7.2018.

Slacklining Slackline: Slackline Tipps zum Slackline lernen.
http://www.slacklining-slackline.de/slackline-tipps, 2.10.2018.

Staffelbach, Heinz: Von Trun durchs Val Punteglias bis zur SAC-Hütte (1.7.2018).
https://bellevue.nzz.ch/reisen-entdecken/wanderung-in-der-surselva-von-trun-
durchs-val-punteglias-bis-zur-sac-huette-ld.1399232, 26.6.2018.

Stiftung Pro Bartgeier: www.bartgeier.ch (diverse Seiten), 10.8.2018.

Südwestrundfunk: Wie kommen Muscheln und Korallen in die Alpen?
https://www.planet-schule.de/mm/die-erde/Barrierefrei/pages/Wie_kommen_
Muscheln_und_Korallen_in_die_Alpen.html, 15.5.2018.

UNESCO-Welterbe Tektonikarena Sardona:
https://unesco-sardona.ch/erlebnis/martinsloch-und-tschinglenhoerner, 3.9.2018.

UNESCO-Welterbe Tektonikarena Sardona:
https://unesco-sardona.ch/erlebnis/geogalerie-flumserberg, 17.9.2018.

Val d Anniviers: Der Moiry-Staudamm.
https://www.valdanniviers.ch/tourismus/moiry-staudamm.html, 20.6.2018.

Walservereinigung: Die Wanderungen der Walser.
http://www.walser-alps.eu/geschichte, 28.8.2018.

Winkler, K./Brehm, H.-P./Haltmeier, J.: Bergsport Sommer, SAC-Verlag 2013.

Zimmermann, Axel: Geschichte der Walser im Calfeisental.
https://www.sanktmartin.info/geschichte, 28.8.2018.

Sehen, Erleben, Staunen

1 Ab auf die Gondel: Der Flumserberg ist ein bekanntes Skigebiet, aber auch im Sommer fahren viele Lifte und transportieren Wanderer, Biker und Ausflügler. Es gibt diverse Angebote für Kinder wie grosse Hüpfkissen (Tannenbodenalp und Prodalp), Rodelbahn (Chrüz), einen Kletterpark (Prodalp) etc. Entdeckst du unterwegs rot-violette Felsen? Es handelt sich um roten Tonschiefer, der zu den Verrucano Gesteinen gehört; in der Region Spitzmeilen ist er besonders oft zu sehen.

2 Wenn du am Maschgenkamm die Bahn verlässt, kommst du an einem Teich mit einer kleinen Fähre vorbei – viel Spass bei der Überfahrt. Wer sieht die Hütte und den Kegel des Spitzmeilen? Hier beginnen übrigens zwei Themenwege, die den Ziger umrunden und zum Prodkamm führen: Einer informiert ab Anfang Juli über die aktuelle Alpenflora, ein anderer über geologische Phänomene wie Versteinerungen und Verwitterungen. Wer mag, sucht noch den Geocache, der beim Ausgang der Bahnstation versteckt ist.

3 Wenn du einen Gipfel besuchen und ein wenig mehr Einsamkeit geniessen möchtest, besteigst du am besten in wenigen Minuten den Ziger (2073 m). Der Wanderweg mündet bei der Zigerfurgglen wieder in den breiten Weg, der den Ziger umrundet. Wer den regulären Wanderweg nimmt, kann auf halber Strecke zur Zigerfurgglen in Felslöchern einen Geocache entdecken.

4 Der Weg zur Spitzmeilenhütte führt durch ein Hochmoor, du kommst immer wieder an kleinen Tümpeln vorbei und es blühen verschiedenste, prächtige Blumen.

5 Zeit für eine Pause? Bei Calans öffnet sich der Blick ins Tal, es gibt flache Felsen zum Picknicken und immer wieder Bäche zum Spielen (1 Std. 15 Min. vom Maschgenkamm entfernt). Hast du schon Murmeltiere entdeckt?

6 Rund um die Spitzmeilenhütte gibt es einiges zu entdecken: mehrere Tümpel, einen Bergbach, der über rote Felsstufen fliesst, sowie einen eigenen Hühnerstall. Unterhalb der Hütte leben im Sommer rund 130 Geissen, die morgens und abends zirkulieren. Mit etwas Glück kannst du Adler, Gämsen oder Steinböcke beobachten. Hinter der Hütte ist ein Geocache versteckt, das Hüttenteam gibt auf Nachfrage Suchtipps. In der Hütte gibt es Gesellschaftsspiele, Malsachen und Bücher, Kinderfinken sind vorhanden. Hunde können in einer Hundebox übernachten.

7 Ein Abstecher zum nahen Madseeli wird bei Hitze dringend empfohlen (20 Min. oberhalb der Spitzmeilenhütte). Unter einer flachen Steinplatte ist kurz vor dem See ein Geocache versteckt.

Varianten

8 Das Sächserseeli bietet bei heissen Temperaturen eine willkommene Abkühlung (1 Std. 20 Min. ab Maschgenkamm). Vielleicht triffst du auf Stockenten, die unerschrocken um Futter betteln. Oberhalb des Sees ist bei einem kleinen Felsbuckel ein Geocache versteckt.

9 Bei der Alp Fursch wird Käse, Butter und Joghurt verkauft. Zudem kannst du ins Beizli einkehren (50 Min. ab Spitzmeilenhütte). Bei den Alpgebäuden ist ein Geocache versteckt. Auf dem Weiterweg Richtung Maschgenkamm gibt es einen Brunnen am Wegrand.

Varianten
Aufstieg via Sächserseeli
Route: Ein wenig länger, dafür mit See: Vom Maschgenkamm geht es zur Zigerfurgglen, wo der Weg zum Sächserseeli abzweigt. Anschliessend führt der Wanderweg hinunter nach Calans und weiter zur Spitzmeilenhütte.

Schwierigkeit	Zeit	Distanz	Höhenmeter
T2	2 Std. 30 Min.	7,6 km	↗ 290 m ↘ 210 m

Rückkehr zum Maschgenkamm via Alp Fursch
Route: Der schnellste Weg zurück zum Maschgenkamm führt hinab zur Alp Fursch, wo der Wanderweg zunächst auf einer Alpstrasse, zum Schluss wieder auf einem Wanderweg hinauf zur Maschgalugge verläuft bis er bei der Bergstation endet. Alternativ kann von der Maschgalugge nach Chrüz (1632 m) abgestiegen und mit der Sommerrodelbahn nach Tannenbodenalp gefahren werden (zusätzliche Wanderzeit ca. 45 Min.).

Schwierigkeit	Zeit	Distanz	Höhenmeter
T2	2 Std.	5,6 km	↗ 270 m ↘ 350 m

Lustig, aber rutschig: Auf Altschneefelder kann man auch noch im Sommer treffen.

Ortsverzeichnis